图解国外高速铁路

钱立新　主编
吕长清　主审

中国铁道出版社
2010年·北京

图书在版编目(CIP)数据

图解国外高速铁路/钱立新主编.—北京:
中国铁道出版社,2010.6

ISBN 978-7-113-07848-5

Ⅰ.图… Ⅱ.钱… Ⅲ.高速铁路—图解 Ⅳ.U238-64

中国版本图书馆CIP数据核字(2009)第177722号

书　　名:**图解国外高速铁路**
作　　者:钱立新

责任编辑:陈若伟　　电话:010-51873316
封面设计:崔丽芳
责任校对:孙　玫
责任印制:陆　宁

出版发行:中国铁道出版社(100054,北京市宣武区右安门西街8号)
印　　刷:北京捷迅佳彩印刷有限公司
版　　次:2010年6月第1版　2010年6月第1次印刷
开　　本:787 mm×1092 mm　1/16　印张:14.25　字数:252千
书　　号:ISBN 978-7-113-07848-5
定　　价:50.00元

版权所有　侵权必究

凡购买铁道版的图书,如有缺页、倒页、脱页者,请与本社读者服务部调换。

电　　话:市电(010)51873170　路电(021)73170(发行部)

打击盗版举报电话:市电(010)63549504　路电(021)73187

序

客运高速化是当今世界铁路发展的共同趋向。速度是交通运输现代化的最重要标志。一部人类交通运输发展史，从根本上可以说是一部以提高运输速度为主要目标的技术开发史。

19世纪铁路和蒸汽机车的出现，极大地推动了社会历史发展的进程。进入20世纪50年代，由于能源危机、环境污染、交通安全等问题的困扰，人们重新认识到了铁路的价值。特别是1964年日本建成世界上第一条高速铁路，而后法国、德国、意大利、西班牙、韩国、英国、荷兰、比利时、瑞典等国竞相发展，高速铁路以其速度快、运能大、能耗低、污染轻、占地少、安全性好等一系列突出的技术经济优势，令百年铁路重振雄风，传统铁路再展新姿，铁路发展进入了一个崭新的阶段。高速铁路的蓬勃发展，在世界范围内引发了一场深刻的交通运输革命。

高速铁路为什么能在地面运输系统中成为最快的交通工具，这是人们普遍关注的议题。它的轨道设计和构造与普通轨道到底有什么区别？高速铁路的桥梁和隧道又采取什么新技术来保证高速下的安全？高速列车为什么跑得又快又稳、核心技术是什么？而如此复杂的高速运行系统又是靠什么技术来指挥、监测和控制？这一系列的问题对于不具备铁路技术知识又关注高速铁路发展的我国广大读者群来说，急需一本介绍高速铁路各方面科普知识的通俗易懂的入门书，而对于我国广大的铁路工程技术人员来说，也需要一本能便览国外高速铁路工程技术的简易方便的读物，本书正是在这一背景下应运而生。

作者是长期从事高速铁路研究的有造诣的专家学者，有丰富的铁道科学研究经验，取得过较多的科研成果，掌握高新技术在高速铁路上的应用信息。在书中作者借以丰厚的技术底蕴，用通俗的语言，结合大量浅显生动的插图，深入浅出地描述了世界铁路发展的历史、国外高速铁路及38种高速列车（几乎包涵了国外所有高速列车）的技术特点，阐述了高速铁路轨道、桥梁、隧道，高速动车组及牵引供电，高速铁路安全运行管理，高速铁路旅客服务等系统的核心技术及其原理。相信这册篇幅并不长的科普读物，一定会让更多的人了解高速铁路，支持高速铁路的发展，读者一定会深深地被它的知识性、趣味性所吸引，饶有兴趣而不感到枯燥无味，最终会清晰了解国外高速铁路技术发展的脉络，科技成果在高速铁路中的应用，以及高速铁路大运量、节能环保等特点，达到“洋为中用”的目的，我想这也正是作者写作此书的初衷。

中国工程院院士 周镜

目录

Contents

1 First

铁路的历史

1.1 铁路的诞生

18 世纪下半叶，英国人瓦特[*]（1736—1819）发明了蒸汽机，全世界的产业发生了巨大变化，因而人们把蒸汽机的出现看做是世界上第一次产业革命。从此社会从手工劳动时代进入机器生产时代，从作坊小规模生产进入工厂大规模生产。

蒸汽机首先被用于工业生产。1807 年美国人富尔顿（1765—1815）首次在“克莱蒙脱”号船上用蒸汽机驱动装在船舷两侧的明轮试航成功。当时欧洲的快速飞剪式帆船开始用蒸汽机作为船的动力。蒸汽机能量的大小，按能相当于多少匹马的牵引能力来计算，若相当于 10 匹马的牵引能力，就称 10 马力的蒸汽机，如此类推。显然，当时哪个国家能拥有强大的以蒸汽机作为动力的船队，它自然就能控制海上的霸权和商业贸易。英国正是依靠了它的强大的海军向清王朝发动了“鸦片战争”，于 1842 年强迫清朝签订了不平等的《南京条约》，夺走了香港。我国从此进入了半封建半殖民地的近代历史，受世界列强的侵略和压迫。从这一点上也可看到交通运输不

* 紫红色文字为索引中的词语。

仅对人民的生活产生很大影响，并且对国家的强盛起着重大的作用。

带轮的车作为陆上运输工具，要提高运输效率，就要减小车轮与道路间的摩擦阻力。中世纪，英国在采矿区就开始用木制的两根轨在路面上铺成平行的轨道，将车轮制成带凸缘的轮。这样，用马牵引的轮车在木轨上沿导向滚动前进，比一般的马车效率提高了很多。后来又改用铸铁轨代替木轨，更为经久耐用。可以说，这就是世界上最早期的铁路。

世界上普遍认为，1825 年 9 月 27 日英国从斯托克顿煤矿到港口城市达林顿 43.5 千米的铁路是世界上的第一条正式运行的铁路。其实英国斯旺西到蒙布尔铁路虽然是马牵引，但却已正式载客售票运营。而在英国最早注册的铁路则是 1758 年的米德尔顿铁路，它也是第一条在 1812 年已全线用早期单管道蒸汽机车牵引运行的铁路。

1825 年世界第一条铁路在英国斯托克顿至达林顿正式运营，英国达林顿火车站原址，现已改为铁路博物馆

世界铁路之父——乔治·斯蒂芬森(1781—1848)

乔治·斯蒂芬森是英国最著名的铁路工程师，8岁开始在煤矿当童工，19岁时任操作纽科门蒸汽机的技工，对蒸汽机有浓厚的兴趣，工余坚持夜校自学，吸收了丰富的专业知识。1813年他悉心研制了第一台蒸汽机车——布卢彻机车，能以6千米/时速度牵引8辆装有30吨煤的货车，但他并不满足，研究了采用多烟管道加热办法，并用废汽导引向上，喷出烟囱，加强通风，提高机车功率，使新设计的蒸汽机车进入实用阶段。1825年9月27日第一列由斯蒂芬森设计的蒸汽机车牵引列车运载450名旅客以24千米/时速度从达林顿驶到斯托克顿时，这被公认为铁路运输业诞生的标志。此后他负责利物浦—曼彻斯特铁路的修建，并继续指导法国、德国、北美的第一条铁路的建筑、桥梁设计及机车车辆制造，为世界铁路的发展作出了开拓性的贡献。

1.2 蒸汽机车的发明促进了铁路网的发展

蒸汽机发明不久，就有人想用它作为铁路的牵引动力以代替马，很多人设计开发蒸汽机车。但早期制造的单管道蒸汽机车很不完善。经不断试验改造，1829年英国人乔治和罗伯特·斯蒂芬森父子设计并制造的多烟道蒸汽机车，证明了它作为陆地运输动力的光辉前景。

人们都把斯蒂芬森设计的“火箭号”机车作为世界上第一台蒸汽机车，因为它奠定了蒸汽机车的基本原型，一直沿用到现在。“火箭号”机车现保留在英国约克郡铁路博物馆，它仍能开动。以后全球各国制造的各种型号的蒸汽机车，都是在“火箭号”原型上的改善和改造。1830年9月15日，乔治·斯蒂芬森驾驶“火箭号”机车拉一辆客车、运行速度达到58.4千米/时，创造了当时世界交通工具的最高速度。铁路的高速代表了旅行方式的一次飞跃。此后，铁路很快就在欧洲大陆上延伸，德国、法国、意大利、西班牙等国纷纷开始修建铁路。法国第一条铁路圣艾蒂安—安泰基矿山铁路于1828年投入运用，全长21.286千米。1835年德国第一条铁路在纽伦堡和菲尔脱（Fürth）之间诞生。意大利第一条铁路那不勒斯—波蒂奇建成于1839年，西班牙第一条铁路巴塞罗那—马塔罗之间

29 千米的宽轨铁路建成于 1848 年。

世界上第一台蒸汽机车——火箭号

乔治·斯蒂芬森于 1829 年设计的“火箭号”蒸汽机车，多烟道锅炉直径为 101.6 厘米，压力为 352 千帕，总重 5 702 千克。牵引力达 8.57 千克，采用双侧卧式汽缸推动主动轮行车，车头带有煤车。

1835 年德国第一条铁路在纽伦堡—菲尔脱之间开行旅客列车

“Adler”号蒸汽机车牵引 6 ~ 9 节客车开始运营，在总长约 6 千米的铁路上旅行时间仅 12 分钟到 15 分钟。这相当于旅行速度为 24 ~ 30 千米/时。据记载，由司机 Von Berger 开行“Adler”列车还创造了 6 分钟的记录，也就是最高速度达 60 千米/时。

蒸汽机车代替马作为牵引工具在铁路上的应用，给铁路事业带来了革命性的促进。1890 年英国已在全国建成了铁路网，铁路总长 32 000 千米。斯托克顿—达林顿铁路开通的初始 20 年中，经常能保持 96.5 千米/时的速度。在这样高的速度下运营，促进了铁路各种新技术的蓬勃发展，如研究了完善的制动刹车系统和指挥行车系统等，以保证运输安全。英国议会、政府在 1889 年通过了铁路规章的立法，要求铁路客车必须装有自动刹车，客运铁路线必须装备有保证两列客车之间有一段安全隔离区（称作区间闭塞）的信号系统，以保证任何区间内前一列车全部离开区间前，其他列车不得进入该区间。

1.3 国外修建铁路的高潮

第一条铁路虽然是出现在英国，但英国本土面积很小，因而铁路规模不大。美国幅员辽阔，其铁路的发展对世界范围内修建铁路高潮的形成产生了重大影响。

1776 年美国独立时仅有东部的十几个州，到 19 世纪前半叶（1830 年前），欧洲移民越过阿巴拉契亚山脉向西到密西西比河间的中西部拓荒开发。美国的中西部新的拓荒地主要生产粮食、烟草，南方沿墨西哥湾各州主要是种植棉花的庄园，东北部老的殖民地则发展工业。东北部和南部地区都必须靠出售剩余产品来维持发展，并且都需要从中西部输入粮食和烟草。早期开拓中西部过程中修建的走“大篷车”的所谓大道，已不能满足运输的需要。蒸汽机的出现带来了汽船的产生。1811 年一艘 371 吨的“新奥尔良”号从新奥尔良沿密西西比河逆流而上，在很短的时间内征服了有河流可通航的沿岸城镇。东北部纽约州批准沿哈得孙河和莫霍克河向西穿越海拔 175 米的山脉，人工开通一条运河，直通五大湖地区。这条叫做“伊利”的运河于 1825 年 10 月通航，从此把五大湖地区与纽约市连通，全程 584 千米。中西部的客商和货物都通过伊利运河来到纽约港，再转往欧洲。整个纽约州繁荣起来了。伊利运河的成功使中西部出现了“运河热”。一些不靠近主要通航水道的地区，都想开挖运河与大河连通。但运河要穿越高山，那是既困难而又非一般财力所能承担的。

英国第一条铁路运营的成功，给新兴的美国拓荒者带来了新的陆上交通运输方式。美国人吸收新事物特别快，英国斯蒂芬森的“火箭号”蒸汽机车在 1829 年展出并使用时，第一台英国造的蒸汽机车“Stourbridge Lion”已从英国运抵了美国宾夕法尼亚州。1830 年美国南卡罗来纳铁路成为继英国利物浦—曼彻斯特铁路后的世界上第二条蒸汽机车牵引的经营性铁路。1833 年美国又建成了当时全球最长的查尔斯顿到汉堡 217 千米的铁路。但那时修建的铁路主要分布在东部和中西部与大西洋口岸连通。

人们知道，在美国密苏里州圣路易

斯市中心修建有一个很大的圆弧形拱门，上面刻有“西去之门”。这是纪念美国人由此出发征服西部大片土地而修建的。从这里再往西就逐渐进入落基山脉东侧丘陵高原地带。落基山脉从加拿大由北往南，纵贯北美洲，山脉地区土地贫瘠，多荒漠但亦多矿藏。北落基山脉隐藏的矿产财富吸引了早期的西部开矿拓荒者。加利福尼亚州发现沙金矿更引起了19世纪50年代的到西部去发财的“淘金热”。由落基山脉向东流向密西西比河的河流和向西流向太平洋（尚需再穿过西部另一山脉）的水道都只能间断地提供运输，当时向西扩展的交通主要依靠大篷车和土路。那时有些专门经营陆路运输的商人，从密苏里州发出车队，有25辆大篷车，每车载货3吨，由12头牛拖曳，以日行24千米的速度缓慢而不停地前进，向军营或矿山，向远西部的分散居民点运送食物和工业品，运回牛皮和贵金属。1858年开始组织了用马车顺驿道递送邮件，从旧金山向东，用了近21天的时间到达圣路易斯。在这种状况下，西部拓荒者急需修筑横贯美洲大陆，连通大西洋口岸和太平洋口岸的铁路。中央太平洋铁路公司承担由西向东穿越内华达山的艰巨任务，联合太平洋铁路公司从密苏里州由东向西穿越落基山脉。1869年5月10日第一条横跨北美大陆的铁路终于在犹他州接轨。此后又先后修建了东西贯通的4条铁路通道。

19世纪中期美国东西铁路大通道上的旅客列车

当时美国报刊上反映的东西铁路大通道上满载旅客的列车正在运营情况的图画。

美国铁路的修建和发展，其速度之快和规模之大令人惊叹，从中也反映了第二次世界大战之前的100年中，铁路运输所扮演的重要角色。1830年末，美国仅有37千米铁路，1850年增加到14 481千米，1870年达85 277千米，到20世纪初已达310 537千米。1928年美国铁路营业里程达402 250千米。1930年，美国从纽约到芝加哥铁路的客车是最受旅客欢迎的“黄金线”，它提供豪华方便的服务和舒适的旅行。从纽约到芝加哥仅需16小时，平均旅行速度近96千米/时。铝合金的车体，全列都是卧铺，有单人间和双人间包房，每间都有自己的盥洗室和厕所，有的豪华套房还有起居间和淋浴间。列车除有两节餐车外，还有车尾用于瞭望观景的休息车。最繁忙时，纽约与芝加哥之间每天有20趟客车运行。

从1830年到20世纪30年代第二次世界大战之前的100年间，美国修建了60余万千米的铁路。铁路旅行成为最受欢迎的，也是最舒适的一种旅行方式。

欧洲修建铁路的高潮一直持续到20世纪初，除前述英国作为铁路的发源地，1890年已在全国建成了铁路网，线路总长度达3.2万千米；法国1870年铁路营业里程达到1.74万千米，1921年达到一个高峰4.19万千米；德国1913年铁路路网达到最大规模，营业里程达6.11万千米；其他欧洲国家的铁路也以相似的势头迅猛发展。

亚洲铁路修建要晚于欧美各国。亚洲最早修建铁路的国家是印度，当时印度在英国殖民统治下，于1853年在英国人主持下修建了印度第一条铁路，从孟买到塔纳全长34千米。巴基斯坦第一条铁路是在1861年建成通车，全长169千米，是1 676毫米宽轨轨距。伊朗第一条铁路是由法国人修建的，从德黑兰到雷伊，长8千米，轨距1 000毫米，1892年通车。

日本第一条铁路是从东京（新桥）到横滨，于1869年开始修建，全长29千米，由英国贷款，英国人Edmund Morel负责设计修建，轨距是1 067毫米，采用了与新西兰铁路一样的轨距。1872年10月14日由明治天皇主持了日本第一条铁路的开通典礼。1886年日本掀起了私人修建铁路的热潮，到1892年已有私营铁路公司50家。1906年日本政府颁布《铁道国有法》，将17家私有铁路公司共4 834千米铁路收归国有。

1872年日本第一条铁路（东京—横滨）开通，当时日本一幅彩画反映开通时的情景

1.4 汽车和飞机对铁路的有力挑战

19 世纪末，美国最著名的发明家汤姆·爱迪生发明了第一条实验性的电气化铁道，开创了铁路电力牵引的新时代，大大地推动了世界铁路技术的发展。

随着世界范围的铁路大发展，铁路的运营速度也不断地被刷新。蒸汽机车功率越来越大，速度也越来越高。1900 年英国伦敦—爱丁堡铁路 635 千米，停靠三个站，旅客列车旅行速度达 83.2 千米/时。同年，法国巴黎—加莱 298 千米距离，旅客列车旅行速度达到 85.1 千米/时；巴黎—圣昆丁 154 千米距离的旅行速度达到 90.5 千米/时。当时铁路技术取得的两项重大进展均在德国发生：一项为 1907 年德国马菲机车工厂设计制造的 4—4—4 轮列（意思是机车有 4 个导轮，4 个大动轮，4 个从轮）S2/6 型蒸汽机车牵引 4 辆客车（150 吨）在巴伐利亚铁路上创造了 154.5 千米/时最高速度记录。另一项发生在 1903 年 10 月 27 日，德国 AEG 公司设计生产的三相电力轨道动车创造了 210 千米/时的世界铁路最高速度记录。但限于当时的技术水平，这种电力动车必须有三根接触导线给动车三相电机受流，结构太复杂，也无法通过道岔，因此尚不能用于实际运营。

汤姆·爱迪生（1847—1931）

汤姆·爱迪生是世界最著名的发明家，美国式独创性时代发明家中的佼佼者。幼年时听觉失灵，这对爱迪生的性格和事业有很大影响，为他许多发明提供了动力。他只断断续续上了五年学，1859 年他 12 岁开始做铁路列车的童工，后来作铁路报务员，凭借他的刻苦努力和聪明才智，1863 年就首先发明了双通道电报机和打印机。此后他开始专心致志从事发明创造，从他的实验室和车间里，又陆续推出了留声机、电话机的话筒和扩音器所必需的碳精送话器，白炽灯、高效率发电机、第一套商业用电灯照明和电力系统、电影放映机等极重要发明，在现代电气化中起了关键作用。在 1884 年他发明了第一条实验性电气化铁道，并成立电气化铁路与电机公司进行开发。他个人或合作持有创记录的 1093 项专利。在 19 世纪末，他是世界上最有名的美国人。

1938 年 7 月 3 日英国 4—6—2 轮列流线型“水鸭号”蒸汽机车牵引 7 辆客车创造 203 千米/时世界蒸汽机车最高速度记录

1907 年德国 S2/6 型蒸汽机车创造 154.5 千米/时速度记录

1903 年德国 AEG 公司三相交流电车创造 210 千米/时最高速度记录

在第二次世界大战前，世界铁路处于空前大发展的黄金时期。1930 年美国每日开行旅客列车已达到空前的 15 000 列，干线上的平均旅行速度为 96 千米/时。欧洲各国也是同样的盛况，1938 年 7 月 3 日英国开行“水鸭号”（Mallard）特快蒸汽列车，创造 203 千米/时世界蒸汽机车最高速度记录。1936 年 5 月 11 日德国开行“汉堡飞人号”特快蒸汽列车，创造 200.4 千米/时速度记录，均突破了原认为的蒸汽机车“160 千米/时”的速度极限。

1936 年 5 月 11 日德国 05001 型 4—6—4 轮列“汉堡飞人号”流线型蒸汽机车创造 200.4 千米/时最高速度记录

以石油为燃料的内燃机的出现，使运输工具又有了质的改变。1885 年德国机械工程师本茨（1844—1929）制成了以内燃机为动力的汽车，1903 年美国的莱特兄弟驾驶以内燃机为动力的双翼飞机在空中飞行成功。从此，运输方式多种多样：陆地上有人畜牵引的车、汽车和火车；水上有机轮船和人力船；空中还出现了飞机。多种多样的运输方式相互之间必然出现竞争，而竞争又促进各种运输技术的发展。人们对运输方式的选择是由多种因素决定的，如运行时间、运行的安全、舒适程度和经济合理等。当然，对于不同的人群、不同的旅行目的，侧重考虑的因素会不同，如经商和公务旅行的人希望旅行时间愈短愈好，因而要求旅行工具的速度要快；而旅游的人群则希望旅行安全舒适。

1910 年美国铁路运输正处在兴旺发达阶段，在纽约市中心建筑了举世闻名的宾夕法尼亚铁路总站，花费 1 亿美元巨资，铁道从郊区由地下进入纽约市曼哈顿区，与地面交通互不干扰。恰在1908年，美国福特公司创始人亨利·福特（1863—1947）造出了能适合一般老百姓使用的T型小汽车。同年，杜兰特（1861—1947）成立通用汽车公司，开创了现代化汽车生产的先河，私人小汽车的大批量生产，吸引了大量短距离旅行的客流。1924年福特公司将T型汽车成本从850美元（1906年价）降到290美元。到1928年，福特小汽车生产了1 550万辆。通过技术发展与大规模生产，为百姓打开了购买汽车的大门。

飞机的发展从军用转向民用。1914~1918年的第一次世界大战加速了航空工业的发展，虽然在一战期间协约国和同盟国为了获得制空权，制造了成千上万架飞机，但很多飞机未经试飞便急急忙忙投入战斗，常常在空中坠毁。这促使人们下决心探求更成熟的航空技术。20世纪30年代航空工业逐渐成熟，1935年在美国首次问世了大型DC—3型飞机；1936年德国人阿驰吉利斯研制Fa—61型旋翼机成功；1937年英国人惠特尔爵士（1907—）和德国人奥海恩（1911—）建造了第一台涡轮式喷气推进发动机；1939年美国人西科尔斯基（1889—1972）发明第一架单旋翼直升机VS—300；第二次世界大战是推动航空技术迅速发展的关键时期，为了首先赢得战争，各国加大科研力度，使航空技术完全成熟。二战结束后，军用航空技术迅速向民用转移，各国开始大量建造民用客、货飞机，这成为世界范围的一种潮流。尤其在20世纪五六十年代，美国研制出波音707、727、747等大型民航客机，使航空的竞争力大大增强。以前乘坐客轮从美国到欧洲需要7至10天，现在坐飞机只要4小时即可。1957年，在美国选用飞机作为旅行工具的人数开始超过坐火车的人数。

汽车与飞机的迅速发展主要还得益于欧美各国当时的交通政策。20世纪30年代美国经济大萧条，当时罗斯福总统提出的新政中，采用在全国范围大规模以工代赈的方法修建公路。40年代第一条从费城到纽约的收费高速公路（车速112千米/时）已建成。进入50年代后，美国侧重于修建各州间大范围的收费高速公路，使汽车运输得到飞速发展。随后美国政府制定了一系列的交通法规，由政府支持积极向公路、航空的基础设施投资，并同意公路、航空运输业的自由运价政策。但对铁路的基础设施建设及运价限制一直坚持1887年所制定的《州际商务法》，不允许自由调整运价；强调铁路基础设施投资必须由铁路业主负担，政府很少给予支持。美国的交通政策也强烈地影响欧洲各国的交通政策，他们几乎照搬美国的政策，对铁路的修建与发展加以种种限制，并将大部分投资用于发展高速公路及航空、机场，使铁路运输处于很不利的竞争地位。

美国铁路的客运从1920年的300亿人次下降到1928年的200亿人次。以后一直呈下跌趋势，直到第二次世界大战爆发，由于在二战期间，汽油的定量配给，铁路的客运比重于1944年（第二次世界大战结束前一年）又上升到31.5%。但随着战争的结束、小汽车生产的恢复、汽油供应正常化，铁路客运又迅猛下降。

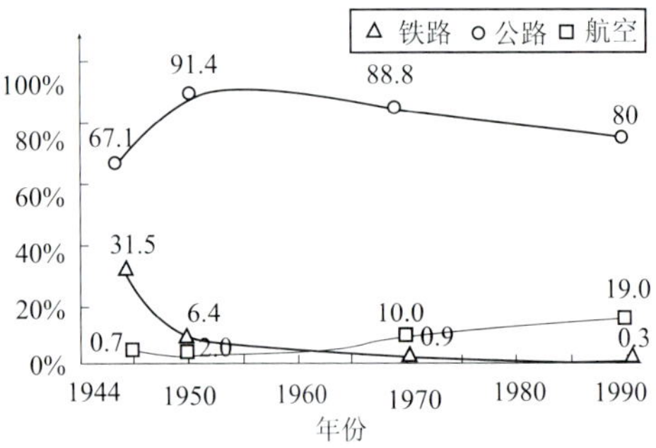

美国城市间各种运输方式的年旅客周转量百分比

年旅客周转量是每年输送旅客的人数和其平均旅行距离的乘积，用人千米表示。图中公路运输包括了私人汽车，航空部分也包括了私人飞机。

美国在20世纪50年代以后公路、航空客运周转量几乎占总客运周转量的95%以上，铁路客运受到了猛烈的冲击。前面提到从美国东部纽约市到中西部的芝加哥市的铁路线在20世纪30年代曾是最受旅客欢迎的铁路黄金线，两市距离1 546千米，那时旅行仅需16小时。1938年编组有11节的全金属卧车列车在两市间运行。到1956年，两城市之间尚有20趟列车运行，而到1958年4月，全卧车列车停运，代之以座车。由于铁路客运猛减，60年代许多铁路要求停办客运业务，减少亏损。美国政府从社会需要出发，规定铁路公司（美国铁路全部私营）要停办客运列车需经州际商务委员会的批准。后因铁路客运亏损太大，公司无力承担，1970年成立了“国家铁路客运公司”，负责一些城市间必需的铁路客运列车的运行，规定客运票价，由中央政府或州政府予以补贴。上面提到的纽约至芝加哥两市间，70年代每日也只开行两次直通客车了。

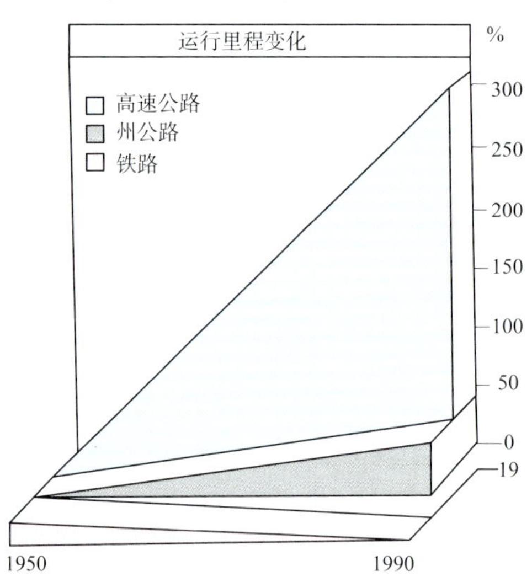

1950～1990年间德国公路、铁路里程发展的对比

欧洲铁路运输也受到类似的遭遇，虽然国土不像美国这么广袤，但所受到的冲

击也不小，铁路客货运输下跌趋势如出一辙，以德国为例，其在1950年以后，国家对公路进行了大量投资。1960～1992年国家投资公路4 500亿马克，资助其基础设施建设。联邦州公路线延长了152 000千米，增加44%，高速公路增长尤甚，增加了319%，全长达8 800千米。但同期用于维修铁路的投资只有560亿马克，铁路里程反而减少19%，缩短至30 000千米。1990年赤字已达80亿马克。

高速铁路的诞生与国外高速铁路修建热潮

2.1 高速铁路的定义

在 20 世纪七八十年代，高速铁路一般定义为最高速度 200 千米/时以上的铁路运输。为此，日本东海道、山阳新干线在 1989 年以前最高运行速度在 210 ~ 240 千米/时，也均称为高速铁路。

20 世纪 80 年代以后，随着欧洲各国（法国、德国、西班牙、意大利等）高速铁路的兴起及高速技术的发展，高速列车的运行速度日渐提高，高速新线上的运行速度达到 250 ~ 300 千米/时。日本高速铁路技术也不断地得到改进与发展，在新干线上高速列车的最高运行速度也提高到 270 千米/时以上，为此，欧洲联盟于 1996 年 9 月发布的互通运营指导文件（96/0048/EC）对高速铁路有了更确切的规定：

新建高速铁路：运行速度 250 千米/时及以上；

既有线改造的高速铁路：运行速度 200 千米/时以上。

2.2 日本“东海道新干线”诞生

第二次世界大战结束后，日本经济逐渐开始快速复兴。20 世纪 50 年代中期东京到大阪的沿海地区，人口和工业集中，该土地面积占全国的16%，但人口占全国的43%以上，工业产值和国民收入占全国的70%。当时日本陆地运输只有靠铁路，而铁路都是窄轨，轨距（轨距定义是钢轨顶面下16毫米处两根钢轨内侧的距离）为1 067毫米。1956年日本东海道铁路干线虽已是复线，并完成了电气化，但运输能力不能满足经济发展的需要，承受能力已达到极限。东京与大阪间相距500多千米，当时特快列车运行6.5小时，旅行速度已达86千米/时，但买票困难，市面已出现卖黑市票现象。1958年日本国有铁路干线调查委员会向政府提出，修建一条东京至大阪的东海道新干线，采用标准轨距1 435毫米，一次建成复线，最小曲线半径2 500米，列车运行最高速度210千米/时。在20世纪50年代，日本也和世界上其他经济发达的国家一样，社会上一般认为铁路已是日薄西山的“夕阳产业”。当时的日本在美国占领下，社会媒介认为美国什么都好，应当学美国，要解决交通运输紧张局面，应当发展公路交通和航空，不应当再发展铁路。当时世界铁路最高的运行速度才160千米/时，要修建速度200千米/时以上的铁路，从工程、机车车辆、通信信号到运营管理都要采取一系列新技术，因而社会上普遍认为，无论是从技术角度，还是从经营的角度看，建设东海道新干线都是令人担忧的。当时有人在报纸上说，每小时210千米的速度，坐新干线铁路需要系安全带，列车运行的时候在车厢内都不能走动，这么危险的新干线，即使通车了人们也不会去乘坐。

在日本铁路系统，为解决东海道运输能力紧张，也有再修一条窄轨新线，或在运输特别紧张的区间，先修窄轨双复线，然后逐步延伸等等不同意见。经过反复辩论，最终，当时的日本国铁总裁十河信二凭着他自己的信念和决断，做了大量工作，说服了当时日本内阁官员及国会议员，采纳了修建标准轨高速新干线的方案，并取得世界银行的支持，在政府担保下得到修建高速铁路的世界银行贷款。

为了实现东海道新干线方案，日本加强了装备精良的“日本国铁技术研究所”，广招技术人才包括第二次世界大战期间从事航空研究的大批人才，组建了一支精锐的科研技术队伍，针对高速铁路新干线建设和运营中可能出现的技术难题，进行研究开发。从1959年开工，经过5年的努力，在1964年10月1日东京奥运会开幕的前夕，从东京到大阪长515千米的双线电气化铁路高速新线建成通车，日本称之为“东海道新干线”。高速列车运行的最高速度为210千米/时，从东京到大阪，中间停车两次，

十河信二（1884—1981）

十河信二在1955年任日本第4代国铁总裁，全力推进日本高速新干线计划，当时世界铁路尚没有运行速度200千米/时的列车，而且日本国内怀疑高速新干线计划也大有人在，况且建造新干线需要巨大的3 000亿日元预算，这均给十河信二以巨大的压力，但他进行了充分的技术可行性论证，提出新干线计划的必要性与可行性，说服池田勇人内阁及众多国会议员，同意并批准新干线方案并得到政府担保取得世界银行贷款，成功地修建成世界第一条高速新干线，被日本誉为“新干线之父”。

运行3小时10分，平均速度达到166千米/时。这和原窄轨特快列车运行6.5小时比较，节省了一半的时间。

日本“东海道新干线”的建成和运营，当时各国铁路界为之震惊，改变了“铁路夕阳产业”的看法，预示了铁路发展的一个新阶段。

东海道新干线于1964年10月1日开始运营，当年旅客输送量就达到1 100万人次，1970年已达8 500万人次。它具有高速、舒适、安全、正点的优点，深受旅客的欢迎。新干线通车的第8年，就收回了全部的建设成本，其中包括投资的利息和折旧等。为此，日本政府决定再新建“山阳新干线”、“上越新干线”和“东北新干线”等高速铁路，建立网络化的日本高速新干线体系。

1964年日本东海道新干线开业典礼、东京站的纪念牌及新干线工程的起始点

2.3 日本高速新干线网络化

日本高速铁路是客运专线，其修建过程可归纳为三个阶段：

第一阶段（1964～1975 年），在人口稠密地区修建东海道新干线（东京—新大阪，全长 515 千米，1964 年通车）和山阳新干线（新大阪—博多，全长 554 千米，1975 年正式全线通车）。

第二阶段（1976～1985 年），以开发沿线地区经济为主要目的，在人口较少的地区修建东北新干线（东京—盛冈，全长 497 千米，1982 年通车）和上越新干线（大宫—新潟，全长 270 千米，1982 年通车），高速铁路的功能从简单的缓解运输紧张局面发展到带动地区经济发展，初步形成新干线网络。

东北新干线开业，盛冈站欢庆会现场

第三阶段（1986 年～至今），日本国民的要求进一步提高，铁路运输不仅应达到舒适、快捷、安全、节能、少污染、低噪声的要求，还应在国土均衡开发和可持续发展战略方面发挥积极作用。因此在第三阶段中，不仅修建了北陆新干线（高崎—长野段，全长 118 千米，1997 年建成通车），而且为实现新干线与既有窄轨线直通运输，通过将既有线改造为准轨或增加第三轨后，形成了称谓"小型新干线"，如秋田新干线（盛冈—秋田，全长 127 千米，改成准轨，1997 年开通）和山形新干线（福岛—新庄、全长 149 千米，部分为增加第三轨、1999 年全线通车）。

上越新干线开业，东京站剪彩仪式

秋田小型新干线上赤塚至田泽湖区间奔驰的E3系高速列车

日本政府于1970年5月通过了“全国新干线铁路整备法”，以立法的形式确立了尽快建设日本高速铁路网的战略。1982年因日本经济下滑，日本政府曾决定“放慢新干线建设”，因此其后15年中只修建了北陆新干线一段，其余线路曾处于缓建状态，直至1996年12月日本政府才重新加快高速铁路建设。至2009年日本已建成6条高速铁路，总长度2779千米，是世界上修建高速铁路最多的国家。还有既有线改造成直通的小型新干线2条，总长度276千米。

北海道旅客铁道株式会社
九州旅客铁道株式会社
东日本旅客铁道株式会社
西日本旅客铁道株式会社
东海旅客铁道株式会社
四国旅客铁道株式会社
稚内
旭川
增毛
新十当川
富良野
网走
札幌
夕张
根室
长万部
新千岁空港
钏路
室兰
江差
样似
函馆
三厩
大凑
中小国
青森
野边地
八户
久慈
岩泉
盛冈
茂市
男鹿
秋田
盛
一关
女川
新庄
利府
左泽
仙台
山形
福岛
新潟
弥彦
郡山
长冈
常陆太田
直江津
日光
越后汤泽
宇都宫
水户
小山
长野
大前
鹿岛神宫
铫子
小诸
横川
高崎
上野
成田
成田空港
大宫
千叶
佐仓
松本
奥多磨
东京
横滨
大船
辰野
武藏五日市
甲府
国府津
上总龟山
馆山
久里滨
热海
伊东
沼津
静冈
名古屋
丰桥
武丰
松阪
鸟羽
新宫
和歌山
和歌山市
奈良
大阪
新大阪
京都
东羽衣
关西空港
和田岬
姬路
草津
米原
龟山
岐阜
美浓赤坂
敦贺
福井
九关屯湖
金泽
成端
富山
猪谷
南小谷
岩濑滨
冰见
和仓温泉
鸟取
境港
出云市
米子
冈山
仓敷
宇野
儿岛
茶屋町
福山
三原
广岛
三段峡
宫岛
德山
长门市
仙崎
小郡
宇部
下关
长门本山
高松
多度津
鸣门
德岛
海部
松山
高知
宇和岛
若井
洼川
门司港
小仓
若松
门司
西户崎
博多南
博多
西唐津
姪滨
唐津
伊万里
佐世保
鸟栖
宇美
桂川
久留米
大分
长崎
谏早
熊本
三角
八代
人吉
鹿儿岛
宫崎
宫崎空港
都城
志布志
枕崎
图　例
新干线（东海道、山阳、东北、山形、秋田、上越、长野新干线）
既有线

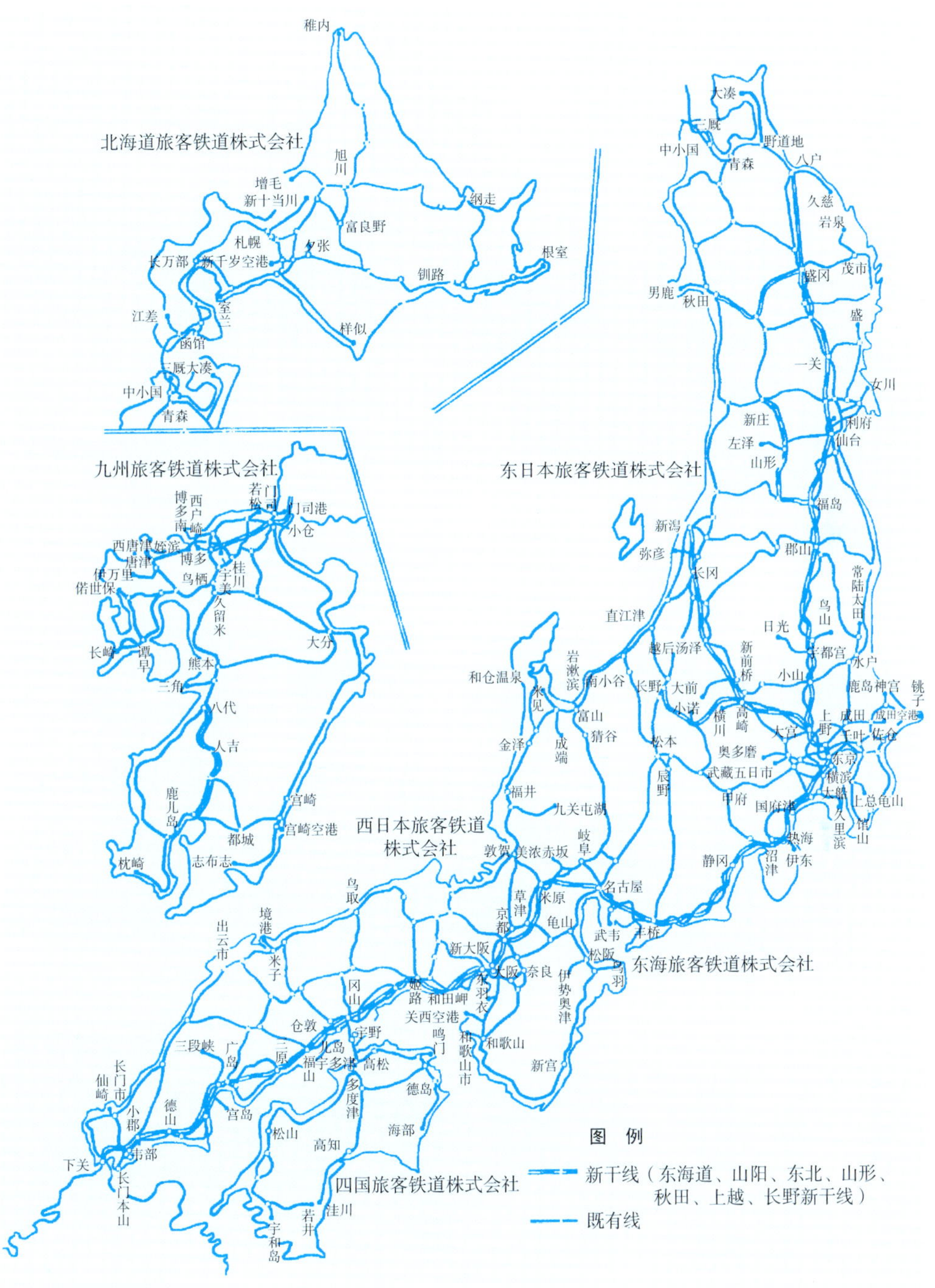

日本已建的高速铁路网

2.4 日本高速列车图谱

日本 0 系高速列车（1964）

日本高速铁路运营40多年来，其各种技术不断得到改进，高速列车的运营速度逐年提高，高速列车的品种也不断地得到更新。日本高速列车的显著特点是采用动力分散方式，也就是说牵引电机分散布置在各节车辆上，而不是以火车头型式布置在列车的两端部。1964年10月东海道新干线通车采用0系高速列车，钢车体，每辆车都带有动力，采用直流电机驱动，最高速度220千米/时。0系列车共生产了3216辆，是新干线高速列车家族中的基本成员，到1997年，0系使用30多年后已开始分批退役。

日本 0 系高速列车主要技术特性

项目／车型	供电方式	编组	定员（人/列）	最高速度（千米/时）	总功率（千瓦）	牵引传动形式	列车长度（米）	轴重（吨）	轮径（毫米）	制动方式
0系	25千伏 60赫	16辆（16M）	1 330（2等）+68（1等）	220	11 840	低压抽头切换直流传动	400．3	16	910	电阻+轮盘

日本 **100 系**高速列车（1985）

1985 年日本开发了新车型 100 系，作为 0 系的后继车型，用在东海道、山阳新干线上，编组与 0 系相同，每列 16 辆，钢车体，但加大了牵引电机功率，头型流线型比 0 系更完善，编组中首次采用 2 辆双层客车用作餐车和观光车，设备小型轻量化，仍然采用直流牵引电机，最高运行速度提高到 230 千米/时。

日本 100 系高速列车主要技术特性

项目 车型	供电方式	编组	定员（人/列）	最高速度（千米/时）	总功率（千瓦）	牵引传动形式	列车长度（米）	轴重（吨）	轮径（毫米）	制动方式
100 系	25 千伏 60 赫	16 辆 （12M4T）	1153（2 等） +168（1 等）	230	11 040	可控硅相位控制直流传动	402.1	15	910	电阻 + 轮盘 + 涡流盘

日本 200 系高速列车（1980）

1982 年 6 月东北新干线大宫—盛冈段开通，1982 年 11 月上越新干线大宫—新潟段开通，采用了 200 系高速列车，钢车体，其特点是具有耐寒、耐风雪能力、头车装有除雪犁，车辆耐寒性能增强，编组中也有 2 辆双层车辆，最高运行速度提高到 240 千米/时。

日本 200 系高速列车主要技术特性

项目 车型	供电方式	编组	定员（人/列）	最高速度（千米/时）	总功率（千瓦）	牵引传动形式	列车长度（米）	轴重（吨）	轮径（毫米）	制动方式
200 系	25 千伏 50 赫	16 辆 (14M2T)	1 123（2 等） +107（1 等）	260	12 880	可控硅相位控制直流传动	400.3	16.1	910	电阻+轮盘

日本 **300 系**高速列车（1990）

1990 年开发了新一代高速列车 300 系，首次在新干线车辆上采用了交流牵引电机、变频传动装置，车身首次采用铝合金材料，并采用新型走行部结构与将制动能量变成电能返回电网的新型再生制动，头型设计成斜鼻型，减少了空气阻力，最高运行速度 270 千米/时，成为东海道、山阳新干线上的主力车型。

日本 300 系高速列车主要技术特性

项目 车型	供电方式	编组	定员（人/列）	最高速度（千米/时）	总功率（千瓦）	牵引传动形式	列车长度（米）	轴重（吨）	轮径（毫米）	制动方式
300 系	25 千伏 60 赫	16 辆 （10M6T）	1 123（2 等） +200（1 等）	270	12 000	GTO 逆变控制交流传动	402．1	12	860	再生+ 轮盘+ 涡流盘

日本 **400 系**小型新干线高速列车（1990）

1992 年山形小型新干线开通，采用了专门按既有线线路条件设计的 400 系高速列车，钢车体，车身宽度与既有线车辆相同。400 系在东北新干线上可与 200 系连挂运行，最高速度 240 千米/时，到了福岛后分解，400 系可单独在山形小型新干线上运行，在既有线上最高速度 130 千米/时。

日本 400 系高速列车主要技术特性

车型 \ 项目	供电方式	编组	定员（人/列）	最高速度（千米/时）	总功率（千瓦）	牵引传动形式	列车长度（米）	轴重（吨）	轮径（毫米）	制动方式
400 系	25 千伏/20 千伏 50 赫	7 辆（6M1T）	379（2 等）+20（1 等）	240	5 040	可控硅相位控制直流传动	148.65	12.9	860	电阻 + 轮盘

日本 **E1 系**高速双层列车（1994）

1992 年东日本公司在东北新干线开发全双层客车 12 辆编组的 E1 系高速列车，钢车体，座席定员增加了 40%，作为通勤车使用，以充分满足通勤、通学者的需求。采用了 GTO 变频变幅控制方式的交流传动装置。

日本 E1 系高速列车主要技术特性

项目 车型	供电方式	编组	定员（人/列）	最高速度（千米/时）	总功率（千瓦）	牵引传动形式	列车长度（米）	轴重（吨）	轮径（毫米）	制动方式
E1 系	25 千伏 50 赫	12 辆 （6M6T）	1 133（2 等） +102（1 等）	240	9 840	GTO 逆变控制交流传动	302.1	17	910	再生+轮盘

日本 **E2 系**高速列车（1995）

1995 年为北陆新干线、东北新干线开发了 E2 系双频率型（50 赫/60 赫）高速列车，铝合金车体，可适应在北陆新干线碓井岭的 30‰大坡道上运行。改进了空气动力学特性及环保性能。E2 系在 1998 年长野冬季奥运会时是主力车型，最高运行速度为 275 千米/时。2002 年 12 月东北新干线盛冈—八户开通运营，采用 E2—1000 型，在 E2 型基础上编组由 8 辆扩展到 10 辆（8M2T），总功率 9 600 kW，最高速度 315 千米/时，首次在转向架上采用主动有源悬挂装置，舒适性进一步提高。

日本 E2 系高速列车主要技术特性

项目 车型	供电方式	编组	定员（人/列）	最高速度（千米/时）	总功率（千瓦）	牵引传动形式	列车长度（米）	轴重（吨）	轮径（毫米）	制动方式
E2 系	25 千伏 50/60 赫	8 辆（6M2T）	579（2 等）+51（1 等）	275	7 200	GTO 逆变控制交流传动	201.4	13.2	860	再生+轮盘

日本 E3 系小型新干线高速列车（1995）

1995 年开始研发 E3 系小型新干线高速列车，1997 年秋田小型新干线通车，投入运行，命名为“小町号”。采用了交流传动、铝合金车体、单臂式受电弓等新技术，最高运行速度在标准新干线上为 275 千米/时，在小型新干线上为 130 千米/时，可与 E2 系连挂，是既有线直通运行的新型高速车辆。

日本 E3 系高速列车主要技术特性

项目 车型	供电方式	编组	定员（人/列）	最高速度（千米/时）	总功率（千瓦）	牵引传动形式	列车长度（米）	轴重（吨）	轮径（毫米）	制动方式
E3 系	25 千伏/20 千伏 50 赫	6 辆（4M2T）	247（2 等）+46（1 等）	275	4 800	GTO 逆变控制交流传动	128.20	12.2	860	再生+轮盘

日本 500 系高速列车（1997）

500 系高速列车实现了最高运行速度 300 千米/时，是由西日本铁路公司开发的高速列车。头型达到 15 米长的长鼻型，大大减少了运行阻力和会车压力波，车身采用了极为轻量化的“钎焊蜂窝＋挤压型材”铝合金结构，圆形截面，运行阻力比 300 系降低 30%，受电弓模仿猫头鹰翅膀形状，走行部采用主动减振、半主动减振悬挂装置，具有高速平稳特性。全列为动车。

日本 500 系高速列车主要技术特性

项目 / 车型	供电方式	编组	定员（人/列）	最高速度（千米/时）	总功率（千瓦）	牵引传动形式	列车长度（米）	轴重（吨）	轮径（毫米）	制动方式
500 系	25 千伏 60 赫	16 辆（16M）	1 124（2 等）+200（1 等）	300	18 240	GTO 逆变控制交流传动	404	11. 7	860	再生＋轮盘

日本**700系**高速列车（1997）

东海、西日本铁道公司于1997年联合研发了700系高速列车，是利用300系、500系、300X试验车组等专用技术和专利，采用新技术努力实现“提供舒适的车厢环境（安静、舒适、心情愉快的空间）”、“采取措施改善车外环境（低噪声、低振动）”、“提高车辆性能（最高行驶速度、加速性能）”以及“降低运营费用（减少维修作业，提高车组利用率）”的目标，最高运行速度285千米/时，作为300系后继的主力车型运行在东海道、山阳新干线上。

日本700系高速列车主要技术特性

项目 车型	供电方式	编组	定员（人/列）	最高速度（千米/时）	总功率（千瓦）	牵引传动形式	列车长度（米）	轴重（吨）	轮径（毫米）	制动方式
700系	25千伏 60赫	16辆（12M4T）	1 123（2等）+200（1等）	285	13 200	IGBT逆变控制交流传动	404.7	11.6	860	再生+轮盘

日本 **E4 系**双层高速列车（1997）

E4 系双层高速列车是世界上定员最多的高速列车，16 辆车定员达 1 634 人。可以与 E2、E3 系等高速列车连挂运行，铝合金车体，车头流线型化，长度达 11.5 米，车厢内有电梯式轮椅升降机，采用 IGBT 先进的变频控制技术。最高运行速度 240 千米/时。

日本 E4 系高速列车主要技术特性

项目 / 车型	供电方式	编组	定员（人/列）	最高速度（千米/时）	总功率（千瓦）	牵引传动形式	列车长度（米）	轴重（吨）	轮径（毫米）	制动方式
E4 系	25 千伏 50 赫	16 辆（8M8T）	1 526（2 等）+106（1 等）	240	13 480	IGBT 逆变控制交流传动	402. 8	16. 0	910	再生 + 轮盘

日本 800 系高速列车（2004）

日本九州铁道公司在西日本铁道公司 700 系 7000 型的技术基础上开发成功 800 系高速列车，在九州新干线 2004 年底开通时投入运营。800 系为 6 辆全动车编组，以适应九州新干线多隧道，35‰大坡道的线路，铝合金车体，列车具备凉爽型的外观及良好的空调通风装置。

日本 800 系高速列车主要技术特性

项目 车型	供电方式	编组	定员（人/列）	最高速度（千米/时）	总功率（千瓦）	牵引传动形式	列车长度（米）	轴重（吨）	轮径（毫米）	制动方式
800 系	25 千伏 60 赫	6 辆 （6M）	247（2 等）+ 46（1 等）	260	6 600	IGBT 逆变控制交流传动	154. 7	11. 6	860	再生 + 轮盘

日本 **N700 系**倾摆式高速列车（2007）

2007 年，东海，西日本铁道公司联合开发 N700 系倾摆式高速列车并投入运营，是日本高速列车首次采用倾摆车体技术。700 系原来在东海道新干线的 2 500 米曲线半径区段只能以 250 千米/时运行，现在 N700 系能以 270 千米/时运行。最高运行速度为 300 千米/时。采用 14M2T 编组，起动加速度从原 700 系的 26.7 米/秒^2，提高到 43.3 米/秒^2。

日本 N700 系高速列车主要技术特性

项目 / 车型	供电方式	编组	定员（人/列）	最高速度（千米/时）	总功率（千瓦）	牵引传动形式	列车长度（米）	轴重（吨）	轮径（毫米）	制动方式
N700 系	25 千伏 60 赫	16 辆（14M2T）	1 123(2 等) + 200（1 等）	300	17 080	1GBT 逆变控制交流传动	404.7	11.0	860	再生 + 轮盘

日本 **E5 系**倾摆式高速列车（2009）

2009 年 6 月 25 日，JR 东日本铁路客运公司首列 E5 系高速列车亮相，营业速度最高为 320 千米/时，E5 系在 FASTECH360 试验型高速列车长期试验基础上研制成功，最高试验速度可达 360 千米/时，头型为鸭嘴型，为实现最佳的气动性能及动力学性能，采用了新型受电弓罩，新型转向架结构，有源悬挂装置、齿轮传动装置，全车密封无车间折棚。还采用了倾摆式车体，优良的隔音材料，增加窗户玻璃层厚度，保证车内噪音低于 65 分贝。座位宽度从 980 毫米加宽到 1 040 毫米，增加旅客乘坐舒适性，2010 年 12 月新青森高速铁路开通时将推出 E5 系，2011 ~ 2015 年将批量生产 59 列（8M2T 编组）E5 系高速列车。

日本 E5 系高速列车主要技术特性

项目 车型	供电方式	编组	定员（人/列）	最高速度（千米/时）	总功率（千瓦）	牵引传动形式	列车长度（米）	最大轴重（吨）	轮径（吨）	制动方式
E5 系	25 千伏 50 赫兹	10 辆 （8M2T）	658（2 等） +73（1 等）	320	8 600	GTO 逆变控制交流传动	201.4	12.5	860	再生 + 轮盘 + 空气阻力板

2.5 法国建设以巴黎为中心的高速铁路辐射网

发展高速铁路是法国的基本国策之一，也是法国国铁（SNCF）重大战略，早在 1955 年法国就曾用电力机车达到速度 355 千米/时，创造了当时世界铁路最高试验速度记录。1967 年在日本东海道新干线建成不久，法国就开始客运专线高速铁路的设计研究工作。1969 年提出修建巴黎东南线计划，1981 年建成法国第一条高速铁路：巴黎—里昂东南线，全长 417 千米，最高运行速度 270 千米/时。此后，法国第二条高速铁路大西洋线

法国高速铁路网

巴黎—图尔、勒蒙线于1990年通车，全长280千米。第三条高速铁路北方线巴黎—里尔线于1993年投入使用，全长350.4千米。巴黎地区联络线全长102

千米，1994年投入运营。巴黎东南延伸线**里昂—瓦朗斯线**全长117千米，同于1994年投入使用。第六条高速铁路**地中海线**，从瓦朗斯经阿维尼翁到马赛，全长250千米，于2001年6月正式投入使用。后5条线路最高运行速度均为300千米/时，巴黎东南线在1996年线路大修后速度也已提高到300千米/时。7条高速铁路全部长度达2 356千米。第七条高速铁路**巴黎—斯特拉斯堡线**，全长780千米，2009年6月新线已通车，最高运营速度达320千米/时，全线计划在2012年开通。高速列车可通达的既有铁路的里程已达6686千米，通达车站160个，整个法国高速铁路路网基本形成。

2.6 法国高速列车图谱

法国 **TGV—PSE 型**高速列车（1981）

1981年法国东南高速线通车时使用的TGV—PSE为法国第一代高速列车，是由2辆动力车和8辆铰接式连接的客车车厢组成，最高速度270千米/时，钢车体，直流电机传动。法国高速列车有两个特点：300千米/时及以下的高速列车采用车头牵引的动力集中方式；采用铰接式连接的客车车厢。

法国 TGV—PSE 型高速列车主要技术特性

项目 / 车型	供电方式	编组	定员（人/列）	最高速度（千米/时）	总功率（千瓦）	牵引传动形式	列车长度（米）	轴重（吨）	轮径（毫米）	制动方式
TGV—PSE	25千伏50赫 1.5千伏直流	10辆（2L8T）	260（2等）+108（1等）	270	6 450	可控硅相位控制直流传动	200.12	17	920	电阻+盘型+闸瓦

法国 **TGV—A 型**高速列车（1989）

法国第二代高速列车 TGV—A 型最高速度达 300 千米/时，钢车体，1989 年开始用于大西洋高速线，比 TGV—PSE 多了两辆客车车厢，首次采用交流同步电机牵引，车头及车厢优化设计后空气阻力比 TGV—PSE 减少 10%。TGV—A 型 325 号高速列车 1990 年 5 月 18 日在大西洋高速线上创造了 515.3 千米/时的当时世界铁路最高速度记录。

法国 TGV—A 型高速列车主要技术特性

项目 车型	供电方式	编组	定员（人/列）	最高速度（千米/时）	总功率（千瓦）	牵引传动形式	列车长度（米）	轴重（吨）	轮径（毫米）	制动方式
TGV—A	25 千伏 50 赫 1.5 千伏直流	12 辆 （2L10T）	369（2 等）+ 116（1 等）	300	8 800	同步电机 交流传动	237.6	17	920	电阻 + 盘型 + 闸瓦

法国 **TGV—R 型**高速列车（1993）

法国第二代高速列车中还包括了下列各种派生类型。TGV—R 型路网高速列车，编组辆数也是两辆动力车、8 辆客车，主要用于北方线及去比利时、荷兰的线路，能适应三种供电制式，并能通过 38‰长大坡道。

法国 TGV—R 型高速列车主要技术特性

项目 车型	供电方式	编组	定员（人/列）	最高速度（千米/时）	总功率（千瓦）	牵引传动形式	列车长度（米）	轴重（吨）	轮径（毫米）	制动方式
TGV—R	25 千伏、50 赫 1.5 千伏直流 3 千伏直流	10 辆（2L8T）	257（2 等）+120（1 等）	300	8 800	同步电机交流传动	200.2	17	920	电阻 + 盘型 + 闸瓦

法国 TGV—TMST 型欧洲之星高速列车（1994）

TGV—TMST 欧洲之星高速列车，主要用于去英国（通过英法海底隧道）、比利时的高速线上，特点是采用三相交流异步电机牵引，增加第三轨受流的集电靴（因英国铁路采用第三轨受流），车体限界符合较小的英国铁路限界要求。适应法、英、比三种信号系统与供电方式。

法国 TGV—TMST 型高速列车主要技术特性

项目 车型	供电方式	编组	定员（人/列）	最高速度（千米/时）	总功率（千瓦）	牵引传动形式	列车长度（米）	轴重（吨）	轮径（毫米）	制动方式
TGV—TMST（欧洲之星）	25 千伏、50 赫 3 千伏直流 750 kVDC	20 辆（2L2M16T）	584（2 等）+ 210（1 等）	300	12 200	异步电机交流传动	393.7	17	920	电阻 + 再生 + 盘型 + 闸瓦

法国 TGV—PBKA 型塔利斯高速列车（1997）

TGV—PBKA 塔利斯高速列车，其特点是在 TGV—A 型基础上配备了适宜在法国、比利时、德国和荷兰线路上运用的 4 种供电受流装备及 7 种通信信号设备。

法国 TGV—PBKA 型高速列车主要技术特性

车型＼项目	供电方式	编组	定员（人/列）	最高速度（千米/时）	总功率（千瓦）	牵引传动形式	列车长度（米）	轴重（吨）	轮径（毫米）	制动方式
TGV—PBKA（塔利斯）	25 千伏、50 赫 15 千伏 $16\frac{2}{3}$ 赫 3 千伏直流 1.5 千伏直流	10 辆（2L8T）	257（2 等）+ 120（1 等）	300	8 800	同步电机交流传动	200	17	920	电阻 + 盘型 + 闸瓦

法国 **TGV—2N 型**双层高速列车（1996）

法国第三代高速列车为 TGV—2N 型（也称为 TGV—D 型）双层高速列车，编组为两辆车头加 8 辆双层客车，比 TGV—PSE 增加座席 45%，采用铝合金车体结构、交流同步牵引电机、新型列车自动控制系统等新技术，最高速度可达 300 千米/时，使每一位旅客走行 1 千米的运用成本降低了 15%。TGV—2N 型双层高速列车目前正在东南线和地中海线的高速干线上运营。

法国 TGV—2N 型双层高速列车主要技术特性

项目 / 车型	供电方式	编组	定员（人/列）	最高速度（千米/时）	总功率（千瓦）	牵引传动形式	列车长度（米）	轴重（吨）	轮径（毫米）	制动方式
TGV—2N（双层高速列车）	25 千伏、50 赫 1.5 千伏直流	10 辆（2L8T）	348（2 等）+ 197（1 等）	300	8 800	同步电机交流传动	200.2	16.3	920	电阻 + 盘型

法国 AGV 型高速列车（2007）

法国第四代高速列车 AGV 型是最新研制成功的新型高速列车，最高运行速度 360 千米/时，采用动力分散式，每一个牵引单元由 2 辆动车和一辆拖车组成，编组可以采用 6 辆（4M2T），9 辆（6M3T），12 辆（8M4T）等，铝合金车体，异步牵引电机交流传动，采用倾摆式车体，转向架装备主动减振悬挂系统，并采用再生制动、电阻制动、涡流轨道制动。

法国 AGV 高速列车主要技术特性

项目 / 车型	供电方式	编组	定员（人/列）	最高速度（千米/时）	总功率（千瓦）	牵引传动形式	列车长度（米）	轴重（吨）	轮径（毫米）	制动方式
AGV	25 千伏、50 赫	9 辆（1T+2M）×3	359	360	7 600	IGBT 异步电机交流传动	175	17	920	再生+电阻+涡流轨+盘型

法国 **AGV V—150 型** 5 辆编组试验列车正在创造 574.8 千米/时的世界铁路最高速度记录

2007 年 4 月 3 日法国阿尔斯通公司，法国国营铁路，巴黎铁路总局联合进行 AGV V—150 型试验列车的高速试验，在法国巴黎—斯特拉斯堡东部线上创造了 574.8 千米/时世界地面交通最高速度记录，这一速度超过日本超导磁悬浮列车 552 千米/时的最高速度记录，已可与小型飞机媲美。

2.7 德国实现新建高速线和既有线改造相结合的快速铁路网计划

德国铁路绝大部分是 19 世纪建成的，因此线路标准低，曲线多，限制了速度的提高。1980 年前，德国铁路致力于改造既有铁路，已达到建成 200 千米/时速度的客货混运既有铁路快速网目标。虽然在 1971 年已决定建设第一条高速铁路新线汉诺威—维尔茨堡 327 千米线路，但财政力度支持很小，进展极为缓慢，直至 1981 年法国东南线高速铁路开通运营，并且 TGV—PSE 高速列车试验速度达到了 406 千米/时，这才极大地刺激了德国政府、铁路及工业界，此时德国政府及德国铁路行业决心加大发展高速铁路的力度。1991 年，德国两条高速铁路新线相继完工开通，**汉诺威—维尔茨堡线**，327 千米；**曼海姆—斯图加特线**，99 千米。同时德国铁路与工业界加紧研制 ICE—1 型高速列车投入新建高速线与既有改造线的联网运输。

德国目前的高速铁路网是以既有线改造为200千米/时以上为基础，增加部分高速新线构成客货混运高速网。1994年11月，德国铁路公司通过了“Netz21”(21世纪路网发展规划）基本方案，按照“Netz21”规划的思想，新型路网结构中的“优先网”，包含了长途高速客运专线及短途客运专线，2002年**法兰克福—科隆线**建成通车，最高运行速度达330千米/时，目前高速铁路新线已达1 300千米。同时德国铁路还采用ICE—T型摆式车体城间特快列车，将最高速度提高到230千米/时，这些列车正大批投入运营。当前ICE高速列车已在德国8条干线上开行，遍布全国，使大城市间运行时间缩短了43%～57%，平均缩短50%。

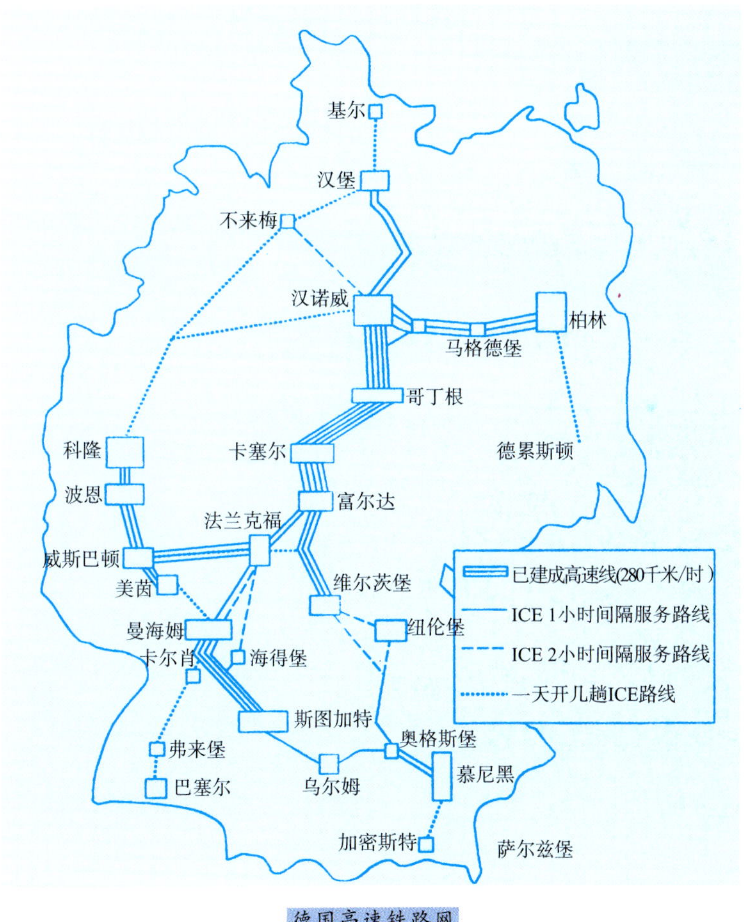

德国高速铁路网

2.8 德国高速列车图谱

德国 **ICE—1 型**高速列车（1991）

ICE—1 型高速列车由两辆动力头车、14 辆客车组成，动力头车钢车体结构、客车为铝合金结构。最高速度 280 千米/时，1991 年投入运营，实际最高运行速度为 250 千米/时，在既有线改造区段都以 200 千米/时速度运行。

德国 ICE—1 型高速列车主要技术特性

车型＼项目	供电方式	编组	定员（人/列）	最高速度（千米/时）	总功率（千瓦）	牵引传动形式	列车长度（米）	轴重（吨）	轮径（毫米）	制动方式
ICE—1	15 千伏 $16\frac{2}{3}$ 赫	16 辆（2L14T）	759	280	9 600	异步电机交流传动	410.7	19.5	1 030/920	再生 + 盘型 + 磁轨

德国ICE—2型高速列车（1998）

1998年全长254千米的柏林—汉诺威新建/改造高速铁路建成通车，ICE—2型高速列车担当这条线的运输任务，ICE—2型与ICE—1型基本性能完全一样，只是将ICE—1列车在中间一分为二。一台动力头车7辆客车编组，端部为带控制室的客车，并将头车与尾端车设计成端部车钩处有两扇门可打开，以便两小列ICE—2可以连挂在一起成一大列，也可解开运行，适应灵活的运输组织要求。

德国ICE—2型高速列车主要技术特性

项目 / 车型	供电方式	编组	定员（人/列）	最高速度（千米/时）	总功率（千瓦）	牵引传动形式	列车长度（米）	轴重（吨）	轮径（毫米）	制动方式
ICE—2	15千伏 $16\frac{2}{3}$ 赫	8辆（1L7T）	105（1等）+265（2等）	280	4 800	异步电机交流传动	205	19.5	1 040/920	再生+盘型+磁轨

德国 ICE—3 型高速列车（2002）

2002 年德国法兰克福—科隆高速铁路建成通车，全长 219 千米，这条高速线与其他客货混运高速铁路不同的是客运专线，最大坡度达 40‰（而不是客货混运的 12.5‰），ICE—3 型为动力分散式高速列车，8 辆编组（4M4T），车体全采用铝合金挤压型材结构，并首次采用涡流轨道制动，其最高运行速度可达 330 千米/时。

德国 ICE—3 型高速列车主要技术特性

项目 车型	供电方式	编组	定员（人/列）	最高速度（千米/时）	总功率（千瓦）	牵引传动形式	列车长度（米）	轴重（吨）	轮径（毫米）	制动方式
ICE—3	15 千伏 $16\frac{2}{3}$赫	8 辆（4M4T）	141（1 等）+250（2 等）	330	8 000	异步电机交流传动	200	16	920	再生 + 盘型 + 涡流轨

德国 **ICE—T 型**摆式车体特快列车，在既有线上速度可达 230 千米/时。

德国 ICE—T 型高速列车主要技术特性

项目 车型	供电方式	编组	定员（人/列）	最高速度（千米/时）	总功率（千瓦）	牵引传动形式	列车长度（米）	轴重（吨）	轮径（毫米）	制动方式
ICE—T（摆式高速列车）	15 千伏 $16\frac{2}{3}$赫	7 辆（4M3T）	47（1 等）+310（2 等）	230	4 000	异步电机交流传动	185	15	920	再生＋盘型＋磁轨

德国 **ICE 350E 型**高速列车（2006）

德国为西班牙马德里—巴塞罗那高速新线投标后中标，设计了 ICE 350E 型（也称 AVES103 型）高速列车，最高运行速度 350 千米/时，已于 2006 年 8 月投入试运行，最高试验速度达 403.7 千米/时，2010 年正式投入运营。与 ICE—3 型相比，编组相同为 8 辆（4M4T），但牵引功率达 8 800 千瓦，增加 10%，采用新的欧洲统一信号系统 ETCS/ERTMS 及 TCN 网络控制，取消涡流轨道制动，而采用安全电阻制动。

德国 ICE350E 型高速列车主要技术特性

项目 / 车型	供电方式	编组	定员（人/列）	最高速度（千米/时）	总功率（千瓦）	牵引传动形式	列车长度（米）	轴重（吨）	轮径（毫米）	制动方式
ICE 350E	25 千伏 50 赫	8 辆（4M4T）	404	350	8 800	异步电机交流传动	200.2	15	920	再生 + 电阻 + 盘型

2.9 西班牙高速铁路网

西班牙处于欧洲西南比利牛斯半岛上，全境多高原与山脉，35% 的国土面积在海拔 1 000 米以上，运输以陆上交通为主，铁路是陆上交通的骨干，既有铁路全长 1.498 8 万千米，主要是宽轨铁路（1 668 毫米轨距），少量米轨铁路（1 221千米）属地方铁路。

西班牙政府为了开发西南部安达卢西亚地区，改变其落后的经济面貌，借 1992 年在塞维利亚举办世界博览会的机会，决定修建**马德里—塞维利亚线**全长 471 千米的准轨高速铁路，1987 年动工，

1991 年底完成，只用了四年时间。在高速铁路上运营的高速列车是从法国引进的 AVE“飞鸟”型。

1994 年西班牙政府决定修建第二条准轨高速铁路：**马德里—巴塞罗那—法国边境线**，全长 760 千米。1995 年开始动工，分两级施工，2007 年先建到巴塞罗那 545 千米，2010 年延至法国边界，与欧洲高速网络相连，这条高速铁路最高速度 350 千米/时，可客货混运。目前西班牙已建成高速新线 1 518 千米。

西班牙现在还正在修建马德里—瓦伦西亚—阿利坎特高速铁路。

2009 年 1 月西班牙政府公布了 2009～2019 年高速铁路 10 年建设规划，将修建成总里程达 9 000 千米的全国高速铁路网。

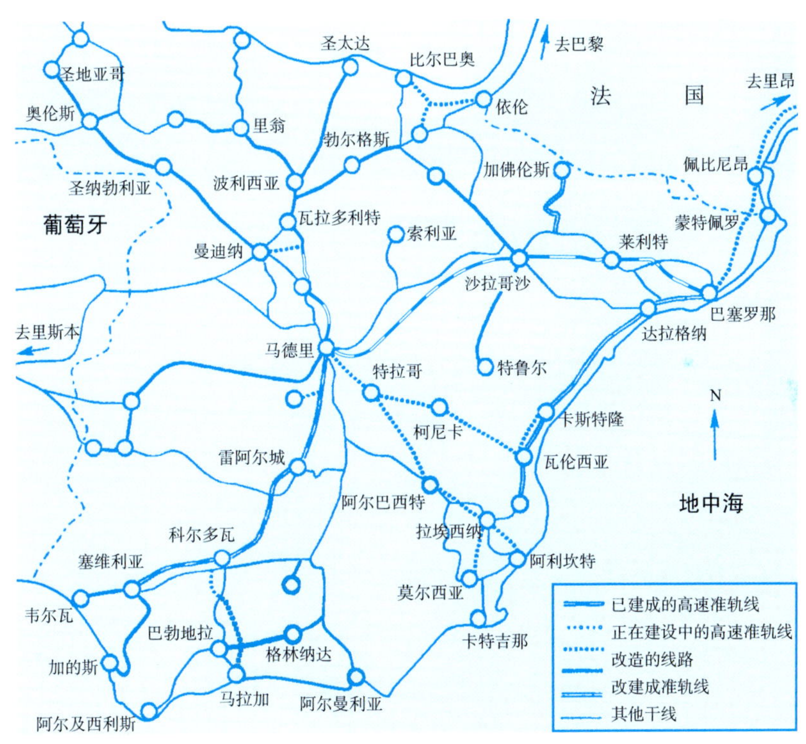

西班牙高速铁路网

2.10 西班牙高速列车图谱

西班牙 **AVE 型**高速列车（1992）

AVE 高速列车是西班牙通过技术转让从法国阿尔斯通公司获得生产许可权，技术特性与法国大西洋线高速列车 TGV—A 型基本相同，最高运行速度 300 千米/时。

西班牙 AVE 型高速列车主要技术特性

项目 / 车型	供电方式	编组	定员（人/列）	最高速度（千米/时）	总功率（千瓦）	牵引传动形式	列车长度（米）	轴重（吨）	轮径（毫米）	制动方式
AVE	25 千伏 50 赫	10 辆（2L8T）	329	300	8 800	同步电机交流传动	200	17.2	920	电阻 + 盘型 + 闸瓦

西班牙 **S120 型**（**Talgo200 型**）摆式车体高速列车（2006）

Talgo200 型基础上发展成的 S120 型摆式车体高速列车，在准轨高速线上最高运行速度 250 千米/时。在宽轨既有线上最高运行速度 220 千米/时。这种高速列车的特点除了车体能在曲线地段进行自然倾摆，最大摆角 3.5°以提高通过曲线的速度外，还装备了可变轨距轮对，在从宽轨到准轨或从准轨到宽轨的变轨点，能以 20 千米/时速度在 15 分钟内自动地改变轨距。由于具备这种装置，S120 型列车可以从马德里到塞维利亚再通过宽轨线延伸服务到马尔加、加的斯、韦尔发等其他城市。

西班牙 S120 型高速列车主要技术特性

项目 车型	供电方式	编组	定员（人/列）	最高速度（千米/时）	总功率（千瓦）	牵引传动形式	列车长度（米）	轴重（吨）	轮径（毫米）	制动方式
S120	AC25 千伏 50 赫 DC3 千伏	4 辆 （4M）	238	准轨 250 宽轨 220	4 000	同步电机 交流传动	107	16.2	1040/880	再生 +盘型

西班牙 **S102 型（Talgo350 型）** 高速列车（2001）

西班牙以 Talgo 集团公司为总体集成单位，与庞巴迪公司（原 Adtranz 公司）合作，联合研制了最高速度为 350 千米/时的新型高速列车——Talgo350 型即 S102 型，并已于 2001 年进行线路试验，试验速度已达 359 千米/时，经过几年试运营后，这种高速列车于 2009 年投入马德里—巴塞罗那高速铁路的实际运营。

西班牙 S102 型（Talgo350 型）高速列车主要技术特性

项目 / 车型	供电方式	编组	定员（人/列）	最高速度（千米/时）	总功率（千瓦）	牵引传动形式	列车长度（米）	轴重（吨）	轮径（毫米）	制动方式
S102	25 千伏 50 赫	14 辆（2L12T）	318	350	8 000	异步电机 IGBT 交流传动	200	17	1040/880	再生 + 盘型 + 电阻

2.11 意大利高速铁路网

意大利位于欧洲南部亚平宁半岛上，山地与丘陵占全国总面积的80%，铁路全长达16 000千米，路网密度较高(2.79千米/万人)，铁路是交通运输大动脉。

米兰—那不勒斯南北铁路大通道是意大利最主要的交通通道，承担意大利铁路全部运量40%以上，但其中罗马—佛罗伦萨线运能早已饱和，因此意大利政府20世纪60年代决定，在罗马—佛罗伦萨间修建高速铁路新线。这是在日本第一条高速铁路开通不久就作出的决定，是欧洲最早开始修建的第一条高速铁路，限于当时技术水平，最高设计速度定为250千米/时。但是这条高速铁路的修建受到意大利国内种种事件的干扰，如经济下滑、资金匮乏、政府更迭、政府官员贪污受贿丑闻的牵连等等，260千米的高速线路一直修了20多年，直到1992年才完工开通，此时，法国，德国、西班牙等国的高速铁路均已建成通车了，而其线路技术水平还停留在20世纪六七十年代。为此意大利立即着手对高速铁路进行改造，直流供电改造为交流供电，提高线路等级水平，使其最高速度达到300千米/时。

1986年意大利铁路决定规划修建米兰—那不勒斯线南北高速干线及都灵—威尼斯线东西高速线，形成T字型高速铁路网，并从米兰—热那亚修建一条支线，规划总长度为1 200千米。1993年政府批准了这一规划，并同意提供高速铁路基础设施总造价40%的资金。为此，1994年开始，意大利高速铁路修建进入了真正的高潮，2006年建成罗马—那不勒斯高速线、2009年建成佛罗伦萨—米兰、米兰—都灵、罗马—那不勒斯等高速线，最高运行速度均为300千米/时。高速新线总里程已超过1 000千米，2009年12月13日举行了都灵—米兰—那不勒斯高速铁路全线开通典礼。

布伦内罗
奥地利
至维也纳
瑞士
匈牙利
斯洛文尼亚
乌迪内
萨格勒布
多莫多索拉
至里昂
米兰
维罗那
克罗地亚
威尼斯
特里斯特
帕多瓦
都灵
波斯尼亚
热那亚
既有干线
高速线
正在修建的高速线
计划修建的高速线
博洛尼亚
里米尼
佛罗伦萨
安科那
比萨
亚德里亚海
科西嘉岛
佩斯卡拉
罗马
波特多略
奥尔比亚
福贾
巴里
布林迪西
那不勒斯
塔兰托
萨迪尼亚岛
莱切
第勒尼安海
卡格利略
梅雪那
西西里岛
帕尔莫
勒佐迪卡拉布里亚

意大利高速铁路网

2.12 意大利高速列车图谱

意大利 **ETR460 型**摆式高速列车（1995）

ETR460 型摆式列车，是由菲亚特公司主持开发的一种专门技术，称为 Pendolino 主动倾摆技术。1995 年 ETR460 型列车投入使用，是交流异步电机传动的 9 辆编组，最高速度 250 千米/时，在国内既有线上广泛应用。

意大利 ETR460 型高速列车主要技术特性

项目 车型	供电方式	编组	定员（人/列）	最高速度（千米/时）	总功率（千瓦）	牵引传动形式	列车长度（米）	轴重（吨）	轮径（毫米）	制动方式
ETR460	3 千伏直流	9 辆（6M3T）	341（2 等）+ 139（1 等）	250	5 880	异步电机交流传动	236.6	12.2	890	电阻 + 盘型

意大利 **ETR500 型**高速列车（1995）

1995 年意大利菲亚特为首的工业界研制成功 ETR500 型高速列车，最高速度 300 千米/时，采用异步电机交流传动装置，属于动力集中式，投入罗马—佛罗伦萨高速线运营。现在 ETR500 车米兰—那不勒斯 720 千米高速铁路上运行时分为 4 小时 10 分钟。

意大利 ETR500 型高速列车主要技术特性

项目 车型	供电方式	编组	定员（人/列）	最高速度（千米/时）	总功率（千瓦）	牵引传动形式	列车长度（米）	轴重（吨）	轮径（毫米）	制动方式
ETR500	25 千伏 50 赫 3 千伏直流	13 辆 （2L11T）	408 + 186	300	8 800	异步电机交流传动	327. 6	16. 7	1100	再生 + 电阻 + 盘型

2. 13 英国高速既有线铁路网

英国是世界铁路的发源地，铁路在英国交通基础设施中占有重要地位。目前有铁路里程 16 878 千米，全为准轨铁路。

英国的铁路高速化主要采用既有线改造及采用摆式列车提高速度的路线。1984 年，英法两国政府决定修建**英吉利海峡海底隧道**，1987 年开工，于 1994 年 5 月 6 日正式开通。英吉利海峡海底隧道长 50. 5 千米，其中海底部分 38 千米，有 2 条铁路隧道及 1 条服务隧道，隧道中列车运行速度 160 千米/时，法国的“欧洲之星”高速列车是通过海峡隧道的主力车型。

目前海峡隧道客货运量日益上升，面临未来无法满足需求的境地。1999 年底，负责建设及经营海峡隧道的欧洲隧道公司提交了兴建第二条英法海底隧道和首条双向公路隧道的计划，工程造价达 150 亿英镑。

1998 年英国修建第一条高速铁路新

线，从英吉利海峡海底隧道英国一端的多佛尔至伦敦，全长109千米，投资52亿英镑，最高运行速度300千米/时，2007年已峻工，伦敦—巴黎间旅行时间从3小时又缩短到2小时20分。

1997年英国铁路公司Railtrack推出了英国铁路既有干线路网改造计划，投资102亿英镑将西海岸干线（伦敦—伯明翰—曼彻斯特—格拉斯哥）全长880千米提速到250千米/时。其他干线也能运行200千米/时普通快速列车及225千米/时、250千米/时的摆式车体高速列车。

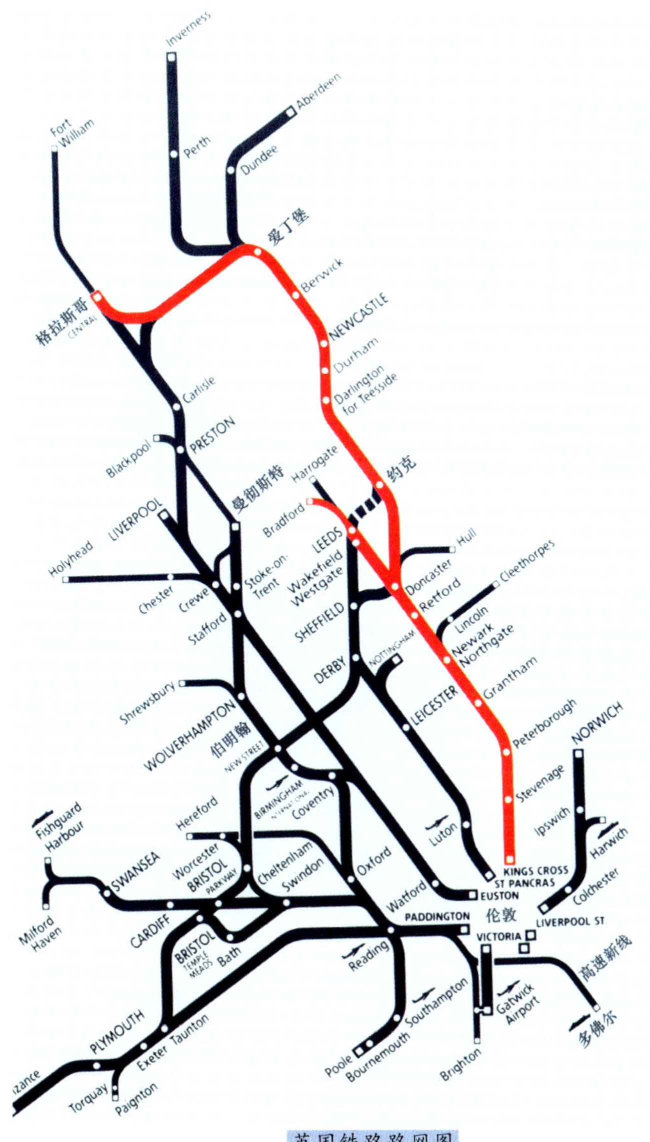

英国铁路路网图

英国 **IC225 型**高速倾摆车体列车（1989）

IC225 型高速倾摆列车 1989 年投入运用，在伦敦到利兹既有线路上，最高运行速度 225 千米/时。1991 年在东海岸干线上运行，直达爱丁堡，旅行时间 4 小时 40 分。编组为一台动力车，9 辆客车，包括一等车 2 辆，餐车 1 辆，二等车 5 辆，行李车 1 辆。

英国 IC225 型高速列车主要技术特性

项目 车型	供电方式	编组	定员（人/列）	最高速度（千米/时）	总功率（千瓦）	牵引传动方式	列车长度（米）	轴重（吨）	轮径（毫米）	制动方式
IC225	AC25 千伏 50 赫	10 辆 （1L9T）	540	225	4 350	异步电机 交流传动	224	19.5	920	再生＋ 盘型

2.14 瑞典高速既有线铁路网

瑞典地处北欧斯堪的纳维亚半岛东半部，北部为高原，南部及沿海为平原丘陵，湖泊众多，森林覆盖率 54%，人口 890 万人，是一个人口较少工业发达的外向型经济国家。

瑞典铁路总长度达 17 000 千米，国有铁路为 14 065 千米，占 82%。瑞典铁路发展高速的路线是改造既有线，并采用高技术水平的倾摆式列车达到最高速度 210 千米/时，提高市场的竞争能力。

由于瑞典大部分自然资源在北部，居民集中在南部，斯德哥尔摩、哥德堡、马尔默是瑞典三大城市，因此，瑞典政府批准的1994至2003年铁路干线投资计划总投资达380亿瑞典克朗，其主要目标是对既有干线进行全面改造，达到210千米/时的速度要求，这些干线是：斯德哥尔摩—哥德堡西部干线；哥德堡—马尔默西海岸干线；哥德堡—挪威奥斯陆北部连接线；哥德堡—卡尔马海岸线，斯德哥尔摩—松兹瓦尔东海岸干线；新建松兹瓦尔—乌尔默、波的尼亚湾高速新线（250千米/时）及马尔默到哥本哈根的厄勒海峡高速通道。

瑞典改造既有线路网

瑞典 X2000 型高速倾摆车体列车（1991）

X2000 型摆式列车是瑞典 ABB 公司（后合并为 Adtranz 公司现属庞巴迪公司）20 世纪 70 年代开始研究、于 1991 年正式投入运用的高速摆式列车。X2000 型摆式列车在原既有干线经过适当改造后，能以 210 千米/时速度运行。在小半径曲线地段可提高速度 30%~40% 。事故率只有 3.4 次/10^6 千米。

瑞典 X2000 型高速摆式列车主要技术特性

项目 车型	供电方式	编组	定员（人/列）	最高速度（千米/时）	总功率（千瓦）	牵引传动形式	列车长度（米）	轴重（吨）	轮径（毫米）	制动方式
X2000	25 千伏 50 赫 15 千伏 16 $\frac{2}{3}$ 赫	7 辆（1M6T）	415	210	3 260	异步电机交流传动	165	17. 5	1100	再生＋盘型＋磁轨

2.15 韩国高速铁路

1945 年南北朝鲜分裂后，韩国既有铁路 2 642 千米，朝鲜既有铁路 5 214 千米。1999 年韩国铁路里程已达 3 098 千米，均为准轨铁路。

韩国面积 99 000 平方千米，人口 4 400万。1994 年国民生产总值达 4 400 亿美元，人均突破 10 000 美元，在世界经济大国中排名第十一位。首都首尔，人口超过 1 000 万，第二大城市釜山，人口 300 万，大邱市人口 160 万，这三大城市均在拟修建的首尔—釜山高速铁路线上。

首尔—釜山既有铁路干线全长 445 千米，客货运输极其繁忙，特快列车最高速度为 150 千米/时，全程需 4 小时 10 分。1991 年首尔—釜山既有铁路仅旅客列车已达 136 对，趋于饱和。高速公路也拥挤堵塞，不仅行驶时间需 8～10 小时，每年因公路堵塞造成经济损失高达 1500 亿韩币（相当于 22 亿美元）。

为了解决这一走廊的交通问题，1983～1984 年韩国已由总统签字批准修建高速铁路新线，1992 年韩国高速铁路工程局宣告成立，并于 6 月份天安—大田间试验线的土木工程正式开工。

线路选在首尔—釜山之间符合如下五条原则：（1）大量而稳定增长的客流；（2）成熟的技术；（3）雄厚的资金；（4）人均国民收入较高，因此有较高承受能力；（5）适当的距离。在首尔—釜山高速铁路于 2004 年正式开通，其间旅行时间从 4 小时 10 分缩短至 1 小时 56 分。

韩国高速铁路

2.16 韩国高速列车图谱

韩国 KTX 型高速列车（2004）

在首尔—大邱—釜山高速铁路上2004年运行由法国阿尔斯通公司技术转让的KTX型高速列车，技术性能与法国TGV—A型相同，最高运行速度300千米/时。

韩国KTX型高速列车主要技术特性

项目 车型	供电方式	编组	定员（人/列）	最高速度（千米/时）	总功率（千瓦）	牵引传动形式	列车长度（米）	轴重（吨）	轮径（毫米）	制动方式
KTX 型	25 千伏 60 赫	20 辆 (2L+18T)	808(2 等)+ 127(1 等)	300	13 200	同步电机 交流传动	387	16．8	920	再生+电阻 +盘型+闸瓦

韩国 **HSR—350X 型**高速列车（2006）

2002 年韩国铁路依靠自己的技术力量开始研制 HSR—350X 型（G7 型）高速列车，并于 2006 年研发成功，样车已经进行了试运行，性能良好，已在 2008 年国际高速铁路展览会上参展，最高运行速度已达到 350 千米/时。

韩国 HSR—350X 型高速列车主要技术特性

项目／车型	供电方式	编组	定员（人/列）	最高速度（千米/时）	总功率（千瓦）	牵引传动形式	列车长度（米）	轴重（吨）	轮径（毫米）	制动方式
HSR—350X	25 千伏 50 赫	7 辆（2L＋5T）	300	350	13 200	IGCT 逆变同步交流传动	137.8	17	920	再生＋电阻＋涡流轨道＋盘型

2.17 美国东北走廊既有铁路的高速化

美国的铁路运输，自1828年第1列旅客列车投入运营后，100多年来曾经为美国的经济繁荣做出过重要贡献。1956年，美国通过《州际高速公路法》，兴建了四通八达的高速公路网。随着汽车和飞机制造业的迅速发展，美国的铁路旅客运输在逐渐萎缩。但进入20世纪80年代以后，人口和居民收入的不断增长，刺激了旅游业的发展。城市间的航空和汽车运输拥堵及环境污染现象日趋严重，尤其在大都市地区、机场周围及节假日或坏天气期间更为突出。由于交通等基础设施建设跟不上经济迅速发展的需要，也由于能源、环境问题同交通运输的矛盾日益突出，迫使人们重新考虑铁路运输，而东北走廊是美国经济最发达、人口最集中的地区，东北走廊铁路也是美国唯一的一条国营铁路，因此其高速化也成为美国铁路国营客运公司（AMTRAK）首要考虑的问题。

东北走廊（波士顿—纽约—华盛顿）全长710千米，全线改造已于2000年完成。纽黑文—波士顿280千米原为非电气化区段，现已完成电气化改造。美国政府拨款2亿美元强化改造东北走廊线路设备、桥梁及通信信号装置。全线改造共耗资12亿美元。

东北走廊沿线经7个州，主要城市有：华盛顿、巴尔的摩、费城、纽约、纽黑文、波士顿。年客运量是1 100万人，预计每年将增加300万人。由于在东北走廊上采用庞巴迪公司与阿尔斯通公司联合中标的“美国飞人号”高速摆式列车，最高运行速度为241千米/时，华盛顿—纽约的运行时间由原来的3小时降为2小时28分，纽约—波士顿的运行时间由原来的4小时30分降为3小时15分。由于东北走廊“美国飞人号”开行，原先需要建造第二个波士顿机场的计划现已取消，节约资金50亿美元。

"美国飞人号"高速列车（1996）

新型倾摆车体高速列车"美国飞人号"，每列编组为两台动力车，6辆摆式客车；另外庞巴迪公司为东北走廊再提供15台200千米/时、6 000千瓦功率的电力机车，三个维修基地的维修设备（纽约的森尼赛得基地，华盛顿的艾维城基地，波士顿的南安普顿基地），总合同金额为6亿1 100万美元。

"美国飞人号"倾摆车体高速列车主要技术性能

项目 \ 车型	供电方式	编组	定员（人/列）	最高速度（千米/时）	总功率（千瓦）	牵引传动形式	列车长度（米）	轴重（吨）	轮径（毫米）	制动方式
美国飞人号	12千伏 25赫 2.5千伏 50赫	8辆（2L6T）	304	241	9 200	同步电机交流传动	203	23	920	再生+电阻+盘型

2.18 俄罗斯莫斯科—圣彼得堡既有铁路的高速化

俄罗斯既有铁路中**莫斯科—圣彼得堡线**全长650千米，是最早开行ЭР200型快速列车的线路。2006年5月，俄罗斯铁路公司与德国西门子公司签订购买8列以ICE—3型改成宽轨的Velaro RUS型高速列车，俄罗斯铁路公司将其命名为“**Сапсан**”号，第一列于2008年底到货，并进行一系列综合试验，2009年底正式在莫斯科—圣彼得堡间开行，最高运行速度250千米/时，最高试验速度达到281千米/时。2007年4月20日俄罗斯铁路公司还与西门子公司签订了“Сапсан”高速列车为期30年的维修与修理合同，并将梅塔罗斯特洛伊车辆段改造成动车组检修基地。

俄罗斯“Сапсан”高速列车（2009）

2.19 高速铁路的优越性

第二次世界大战以后，欧洲各国由于受到战争的破坏，在经济建设恢复阶段，多着眼于近期的效益。进入20世纪80年代以来，随着科学技术的进步，对自然认识的深化，人们更加重视经济发展的可持续性。联合国世界环境与发展委员会于1987年把“可持续发展”定义为“满足当代人的需要，又不损害子孙后代，满足其需求能力的发展”。许多国家都把可持续发展定为国家经济建设的一项重大战略，即关心地球环境和资源对人类未来的影响。在经济建设时要注意对自然环境的保护。在自然资源利用时不要“杀鸡取卵”，只顾眼前，不作长远打算。结合这些深远的考虑，在陆上运输方式中，铁路运输特别是在新技术支持下的高速铁路运输，40多年来更显示出它的优越性。

高速铁路在与航空、高速公路的竞争中显示出优越性

能源消耗低

交通运输是消耗能源的大户，根据日本资料，高速客运铁路与小汽车、飞机相比，平均每人千米的能耗最低，比例为1∶5.3∶5.6。如果以每个旅客消耗1单位燃料所能行驶的距离来比较，则高速铁路为1.0，公路为0.62，航空为0.26。法国和德国的研究资料表明，以人千米为单位的换算能耗，公路是铁路的1.8～2.4倍。资料虽有出入，但铁路作为运输工具消耗的能源显著低于公路和航空，这是毋庸置疑的。

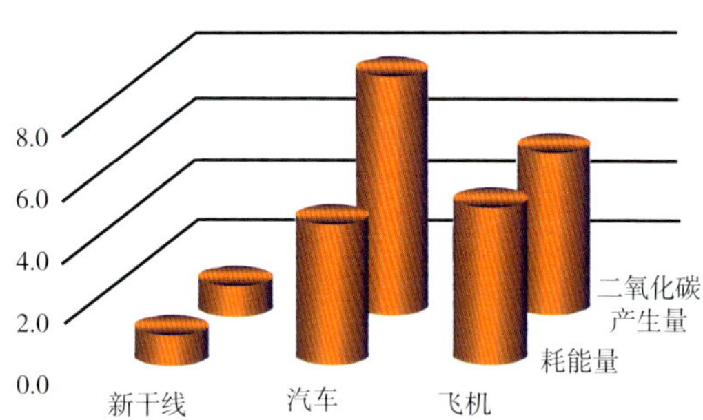

高速铁路与汽车，飞机的能耗与大气污染比较（日本资料）

环境污染轻

当前陆上运输工具消耗的能源主要是石油，行驶过程中排放废气直接污染空气。而高速铁路都采用电力牵引，行驶过程中无废气排出。如果考虑火力发电厂发电时排放了一部分废气，这部分

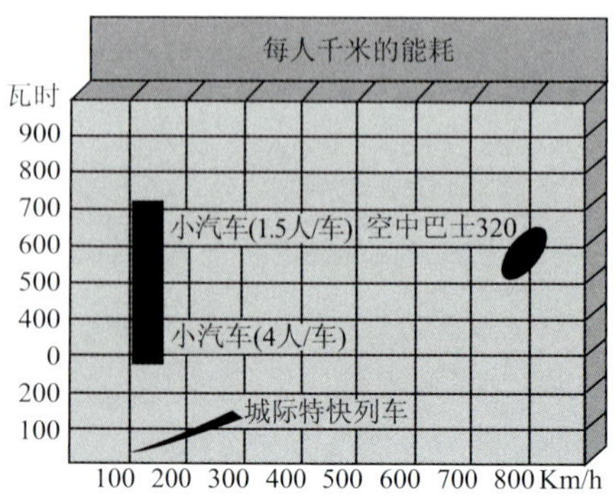

高速铁路与小汽车，飞机的能耗比较（德国资料）

折算到高速列车上，则高速列车与汽车和飞机的二氧化碳排放量比较，则为1∶3∶4.6。德国实测了高速列车与小汽车每人千米所排放的CO，NO_X及CH量对比，小汽车要比高速列车多数十倍甚至上百倍。运输工具还发出噪声污染环境。人们都不愿飞机场临近城市，因为飞机的噪声太大。人们也不愿住房临近大马路，因为汽车，特别是高速汽车的噪声使人难以忍受。高速铁路也有噪声污染问题，但它比公路要低5～10分贝，当前世界各国要花费大量的财力、人力、物力治理交通运输业环境污染，这称为运输外部成本。据1995年欧盟统计，欧洲17个国家交通运输业外部成本总额为5 300亿欧元，占这些国家当年GDP总值的7.8%，在外部成本总额中铁路仅占1.94%，远低于公路的91.5%，航空的6.1%。

高速列车与小汽车对大气污染的比较（德国实测资料）

污染物	每人千米的排放污染物量（克/人千米）	
	小汽车	高速列车
CO	9.30	0.06
NO_x	1.70	0.43
CH	1.10	0.03

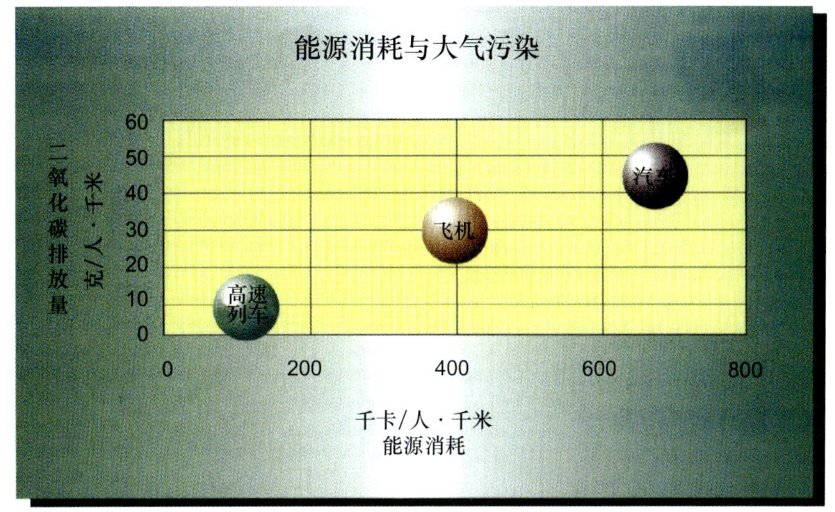

高速铁路与小汽车、飞机的二氧化碳排放量及能耗比较

占用土地少

土地是重要资源，据我国有关部门初步测算，从纯几何测量，一条双向四车道的高速公路占地面积约为一条双线铁路的1.6倍。但将各种因素综合起来，则高速公路占地面积是高速铁路的6～7倍。一个大型飞机场占地面积约相当于1 000千米的双线高速铁路。

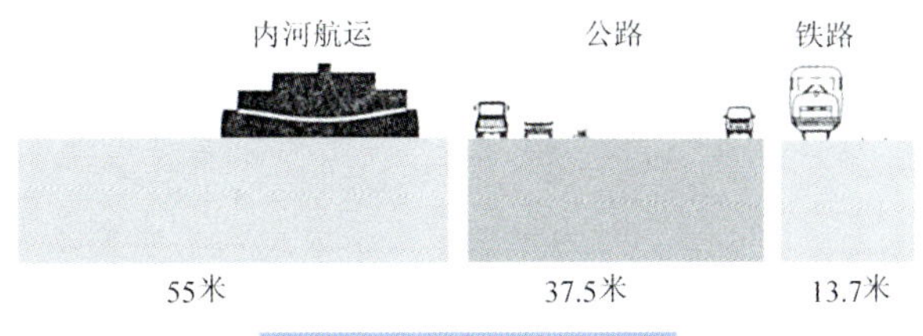

各种运输方式的占地比较

运输能力大

从运能来看，一列高速列车可以乘坐 800～1 000 人。日本东海道新干线最高年运量可达 1.7 亿人次。从日本、法国等国的运营实践来看，高速铁路单向输送能力约是航空的 10 倍、高速公路的 5 倍，而运输成本却是航空的 1/5、高速公路的 2/5。据推算，如果在北京至上海间修建一条高速铁路客运专线，最高允许速度为 300 千米/时，而将现有京沪线改为货运为主，则年客运能力可达 1.2 亿人次，比目前可提高 3 倍。

安全、正点、舒适

如果高速铁路的允许最高速度以 300 千米/时计算，则它是高速公路的 1 倍多，是亚音速飞机的 1/3，是短途飞机的 1/2。高速铁路的车站多设在市区，乘坐十分方便。而飞机场都设在远郊区，增加了乘飞机的两端往返时间。在 1 000 千米内乘坐高速铁路比乘坐飞机所花的时间要少。日本东海道新干线运行后，东京至名古屋的航班停飞；法国东南线 TGV 开通后，巴黎至里昂的航班停运，足以说明问题。

对旅客来说，安全、正点、舒适是旅行的最终目标。对飞机旅行或汽车旅行来说受气候条件严重制约，其正点率不能得到很好保证，特别是遇到恶劣气候条件时，飞机场会关闭停飞，公路交通则易引发恶性交通事故。以美国为例，1901～1980 年的 80 年间，由于车祸而死亡的人数在 200 万以上，是美国建国以来所参加的 7 次战争中战死的人数（约 65 万人）的 3 倍还多。

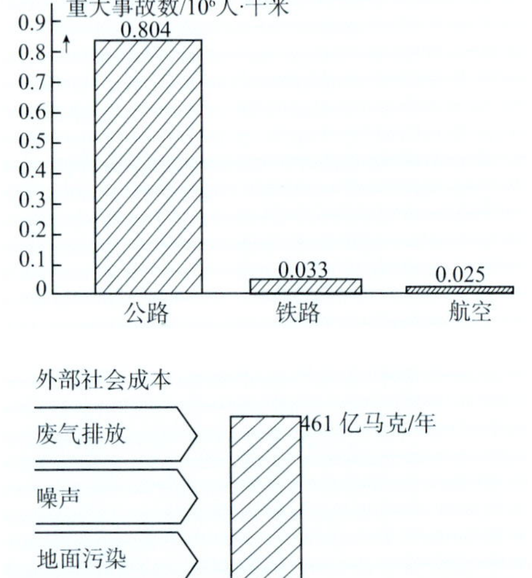

高速铁路的良好安全性及很低的社会运输成本

高速铁路自 20 世纪 60 年代开始运营以来，据报道仅发生过两件重大事故：1996 年英吉利海峡隧道发生一次火灾；1998 年 6 月 3 日，从德国慕尼黑开往汉堡的 ICE—1 高速列车，由于轮箍断裂，列车脱轨撞击桥墩，使跨线桥桥面板塌落砸在车厢上，造成重大伤亡事故。此外未见重大事故报道。日本新干线从1964年开始运营，至今40多年，输送旅客85亿人次，无一伤亡事故，列车平均误点仅0.8分钟。这是其他任何一种交通工具所无法比拟的。

节约旅行时间

人们乘坐高速列车最主要的选择因素是其快速，能节约旅行时间。根据德国的统计，1991年、1992年、1993年高速列车开行的头三年，对乘坐高速列车的旅客进行了调查，分别有58%、68%及70%的旅客选择高速列车的原因是其快速，能节约旅行时间。全社会每年所节约的总时间是惊人的，这将为社会创造巨大价值的财富。

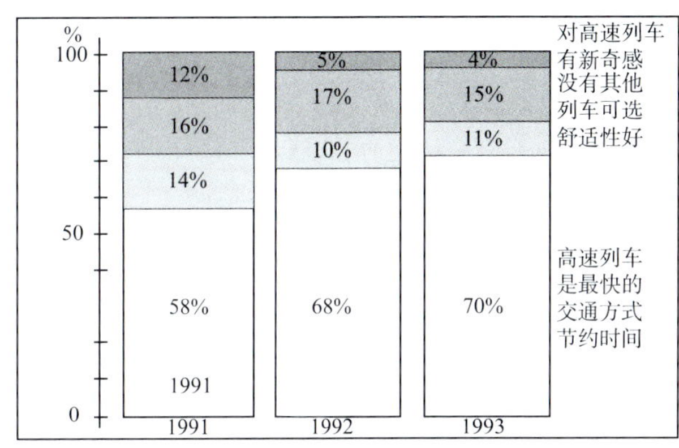

选择高速列车的原因调查

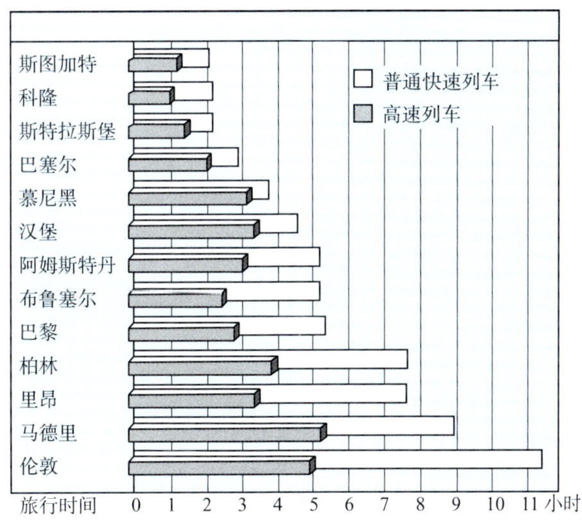

从法兰克福到欧洲各城市乘坐高速列车所节约的时间

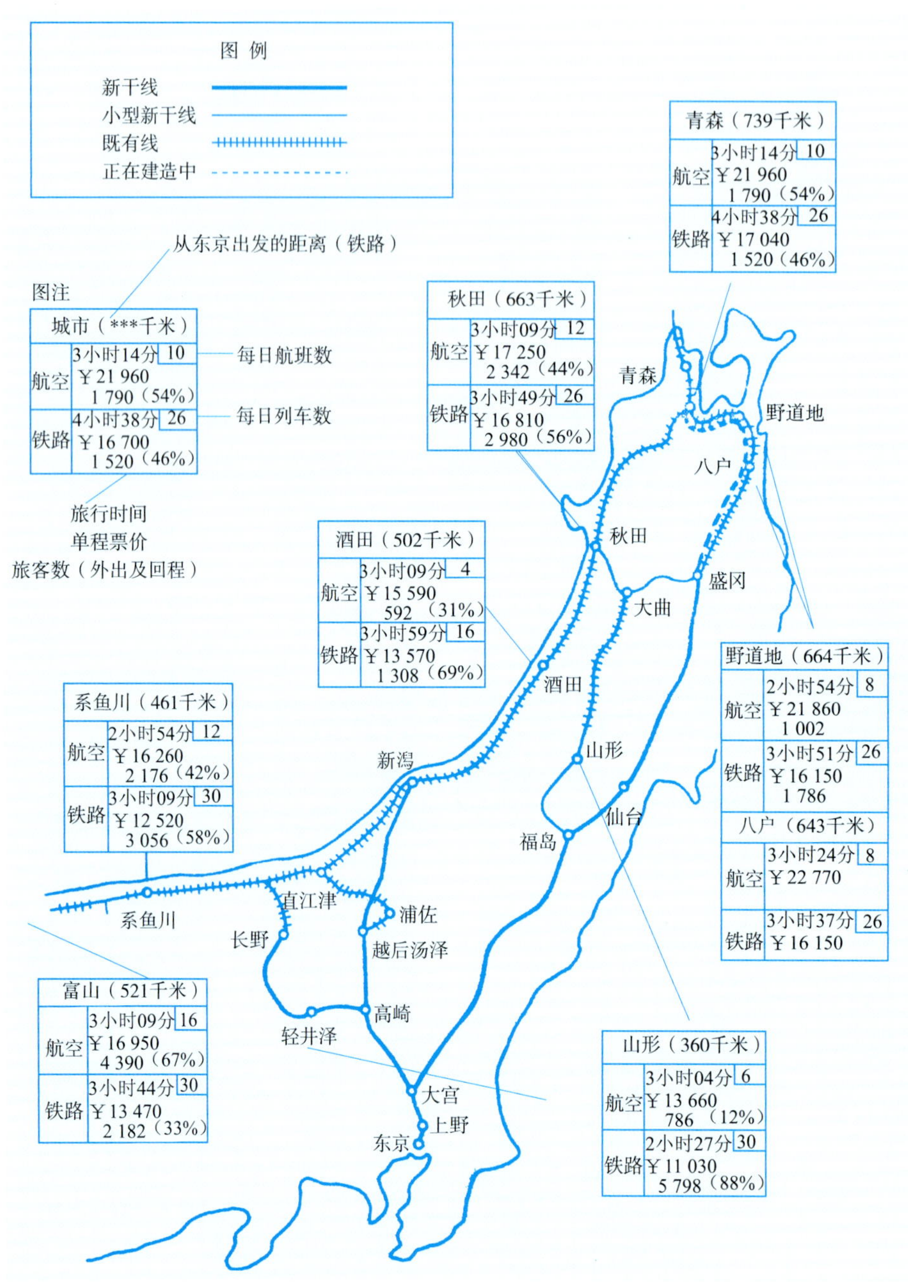

从东京到日本各城市乘坐高速列车所节约的时间

高速铁路是目前速度最快的陆上交通工具，世界上许多国家正在修建或计划修建高速铁路，其发展前景令人瞩目。毫无疑问，21 世纪将是高速铁路的时代。

2.20 高速铁路的经济效益

国外高速铁路均取得了良好的直接经济效益。以世界上第一条高速铁路——日本东海道新干线为例，自 1964 年开通以来，运送旅客的人数急剧上升，1964 年平均每天为 6 万人次，到 1973 年已达 31 万人次，增加到 5.2 倍，目前每天要运送 37 万人次，2002 年统计东海道新干线一年运送了 1 亿 3 200 万名旅客。日本其他新干线也是如此，以处于日本较不发达地区的东北新干线、上越新干线、长野新干线三条高速铁路为例，它们的年客运量及旅客周转量也取得快速增长。

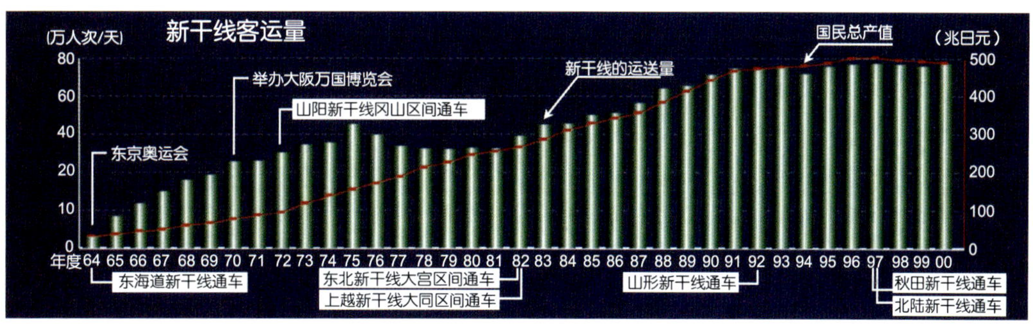

日本高速新干线的年旅客运输量及日本 GDP 值的增长

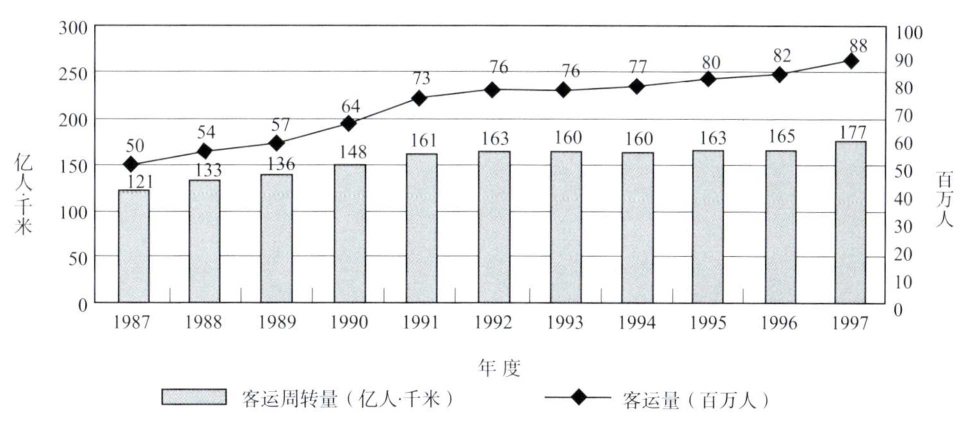

日本东北、上越、长野新干线的年客运量及旅客周转量的增长

由于日本高速铁路的安全、正点、舒适，很快取得了与航空和公路的竞争优势。以东京—大阪为例，旅客乘高速列车只需化费3小时10分钟，而航空的总花费时间也是3小时，而高速铁路的票价约是航空的80%左右，因此，东海道新干线取得了东京—大阪间旅客市场份额的84%，从1964至1999年东海道新干线实际取得的经济效益已达37万亿日元，已是全部投资额的13.5倍（当时直接投资额是3 800亿日元，折合现在价格计算为28 000亿日元）。其**投资回报率**即每年的纯利润占投资成本总额（已考虑了折现率）的百分比已高达12%以上，也就是在东海道新干线开通8年后就已收回了全部投资，还清了全部贷款。日本其他几条高速铁路也是具有较高的投资回报率，按2002年统计，山阳新干线投资回报率为11%，东北、上越、长野、北陆4条新干线的投资回报率为5.1%。

东京—大阪间票价的比较

交通工具方式	票价/日元	注
高速铁路	14 720	“希望”号
既有铁路	10 080	普通座快车
航　　空	15 850	
公　　路	9 800	1辆客车运费

法国第一条高速铁路巴黎—里昂东南高速线自1981年开通以来，旅客运送量迅速增长，也取得了非常好的经济效益，以1991年的财务状况分析，其投资回报率已高达15%，到1993年，东南高速线经过12年的运营，已收回全部投资。同样，法国的大西洋高速铁路也有很好的经济收益，1991年财务分析其投资回报率达到12%，法国北方高速铁路的投资回报率也达到13%。德国高速铁路经过财务分析，根据旅客运输量每年连续增长的统计，在运营15年后可收回全部投资。西班牙马德里—塞维利亚高速铁路通车后第三年（1994年）起就开始盈利，到2000年高速铁路所占的市场份额从原来的14%（既有铁路）增长到52%，因此西班牙政府已在2000年制订了高速铁路发展规划，决定在21世纪初期再建5条高速铁路，以构成西班牙全国高速铁路网，并与欧洲高速网紧密相连。

3 Third

实现高速的基础——轨道“快车道”

3.1 高速铁路的走向及平、纵断面优化设计

(1) 高速铁路的构成

铁路是怎样构成的？我们先来看铁路的横断面。铁路的两根钢轨用扣件固定在一定间距布置的枕木上，枕木下有一层30～50厘米厚的石砟（即道砟，学名叫道床），道床下即为路基。在平坦地带，路基用土填筑一定的断面，高出原地面，叫做路堤；在山区，则开山挖槽形成路基，叫做路堑。山太高太大而不宜开槽筑路，则以山洞穿过，叫做隧道。铁路跨过河谷、深水洼地，则修桥梁以代替路基。枕木、道床和钢轨一起叫做线路上部结构。列车在钢轨上运行。大家知道，汽车在一般的道路上速度是不能太快的，公路运输要提高速度，必须有良好的道路路面和路基。高速铁路列车的速度要达到200千米/时～300千米/时甚至更高时，当然对线路上部结构、路基和桥梁、隧道都有较常速铁路更高的要求。

(2) 曲线上超高的作用

最理想的铁路应是既直又平，线路中心线在水平面上的投影（即线路平

面）没有曲线。但这样做既不经济，也不合理。为了绕避山川等地形以及地面建筑物，往往要使火车走的线路拐弯，以节省工程量和工程费，这就形成了铁路曲线。

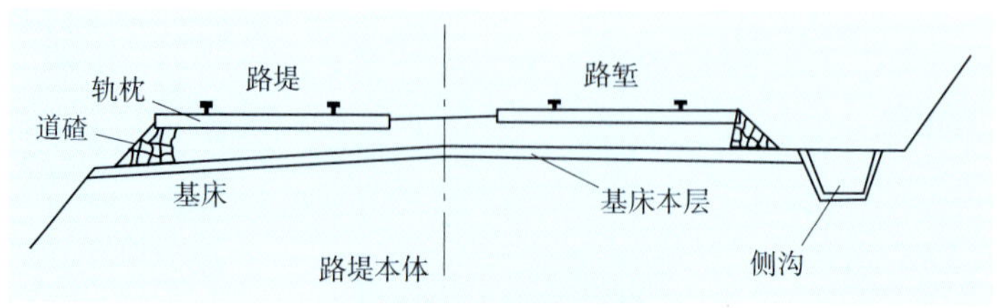

铁路线路横断面示意

骑过自行车的人都知道，在弯道上拐弯时，身不由己地要向曲线内侧倾斜。其原因就是为了形成一个向内的向心分力，以平衡人和自行车作圆周运动的离心力。倾斜幅度的大小，与骑车的快慢（即速度）、拐弯的急缓（即弯道曲线半径的大小）有关。骑车骑得越快，且弯道越急，人向内侧倾斜得越严重，才可顺利通过。

火车运行在圆曲线上，和人骑自行车拐弯差不多，也必须形成一个向心力以平衡列车作圆周运动的离心力，才能顺利地通过。火车要向内侧倾斜一定角度，只有把火车外轮抬高或内轮降低，也就是说把圆曲线上的外股钢轨抬得比内股钢轨高出一个 h 值才可，这个 h 值就叫做圆曲线的**超高**。超高的作用就是保证列车安全通过圆曲线。

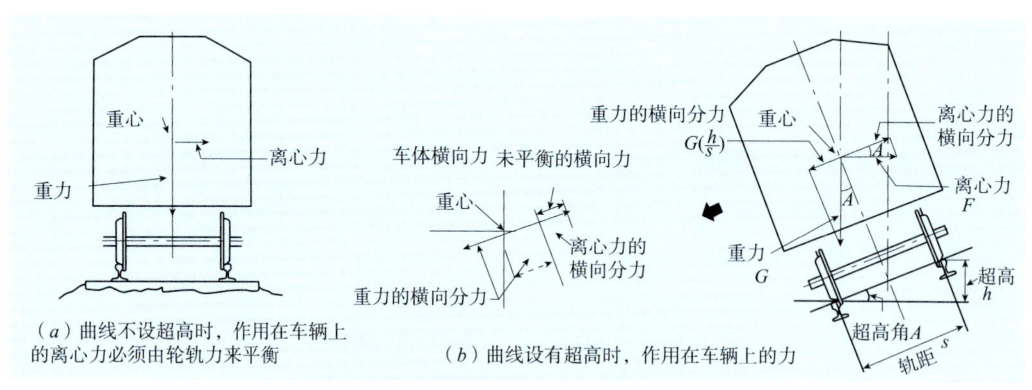

（a）曲线不设超高时，作用在车辆上的离心力必须由轮轨力来平衡

（b）曲线设有超高时，作用在车辆上的力

列车在有超高 h 的曲线上的受力分析

(3) 欠超高和过超高

铁路线修好后，平时虽然要经常维修，但不允许也不能随便地把外股钢轨抬高或降低，也就是说圆曲线外股钢轨的超高在一定时间是固定的。但是，通过曲线的列车的速度是不一样的，对速度快的列车，相应地要求圆曲线上外股钢轨的抬高量大一些，对速度低的列车，要求的外轨超高就小一些。外轨超高通常是按通过列车的平均速度设定的。这样，速度快的列车通过时实际的超高所形成的重力横向分力不足以平衡离心力的横向分力，就产生了一个欠缺的超高值，就叫欠超高；速度低的列车通过时，实际的超高又高于它要求的超高，产生一个超过的超高，就叫做过超高。适当的欠超高和过超高也是不可避免的，只要能保证列车安全通过和乘客在火车上不致感到过度不舒适就可以。那么曲线上的超高值如何设定呢？如前所述，超高的大小是和列车速度及曲线急缓（铁路一般用圆曲线，曲线半径小时弯急，曲线半径大时则弯缓）有关的。但在确定曲线上的超高值时，还必须考虑到万一列车停在曲线上时不会由于超高作用使列车向曲线内侧倾覆；或车体向内倾虽不致倾覆，但也不应使车上的旅客有太明显的不舒适感或货物滑移。经试验证明，最大超高不超过 180 ~ 200 毫米时，可以保证满足上述要求。

高速列车正在具有超高及一定欠超高值的线路上行驶

在高速铁路上，如果旅客列车都是高速列车，且速度比较相近，把超高设计大一些，让所有通过的旅客列车产生的欠超高都比较小是十分有利于旅客的乘车舒适感的。如日本的东海道新干线上用到200毫米的超高，国外大多高速铁路都用到180毫米。

欠超高或过超高主要由高速列车上旅客乘坐的舒适度要求来控制，因而它的大小要通过舒适度试验确定。旅客舒适度除了决定于欠超高大小外，车辆性能也很关键，旅客处在站、坐、卧的不同状态，舒适度也都不一样。

在高速铁路上为了得到更好的乘客舒适度，经试验，欠超高需取用以下3个标准：0～40毫米为良好的标准，40～80毫米为一般标准，80～110毫米为困难或个别的标准。

过超高是因为列车速度低于实设超高 h 对应的均衡速度而出现的。在既有线上，较低速度的列车是货车，因而为保证车上货物的稳定性，不会由于过超高太大使货物产生滑动而导致意外事故是决定过超高的一个方面。高速铁路上一般不运行货车，低速列车与高速列车一样都是旅客列车，相应的过超高值的确定也是由坐在低速车上的旅客的舒适与否决定的，因此其标准与欠超高标准相一致。

瑞典既有铁路改造后设定欠超高与过超高标准，共线运行的X2000高速列车及货物列车

(4) 最小曲线半径的选择

铁路的线路不可能全是直线，不可避免地会有曲线。在高速铁路上，一旦选定允许最高速度后，线路的曲线半径必须要大于一个下限值，这个下限值叫做**最小曲线半径**。

各国高速铁路的最小曲线半径

国　名	日　本	法　国			德　国	意大利	西班牙
		东南线	大西洋线	北线			
设计最高速度（千米/时）	260	300	350	320	300	300	300
运营最高速度（千米/时）	275	270	300	300	260	300	270
最小曲线半径（米）	4 000	4 000	6 000	6 000	4 670	5 400	4 000

最高速度大于250 千米/时的高速铁路的最小曲线半径在 4 000 ~ 6 000 米。一般普通铁路的最小曲线半径为 1 000 米左右，在山区困难地段，最小曲线半径仅 400 米。显然，在这些线路上是无法运行高速列车的。

(5) 直线与曲线怎样连接

铁路线路是直线时，左右两股钢轨轨面的高度相同，在曲线上，则外股钢轨比内股钢轨高出一个固定值即超高 h。那么直线和圆曲线间如何连接呢？如果直接对接，则高速行驶的列车从直线进入曲线的连接点处会对曲线外股钢轨产生强烈的冲击。在立面上，由直线的两股钢轨平行等高突然过渡为外股钢轨抬高 h 值的曲线上，这样是根本不可能让火车顺利通行的。显然，直线和圆曲线不能直接连接。

通常的做法，是在直线与圆曲线之间插入一段过渡曲线。在这段过渡曲线上，曲线的曲率半径是逐渐变化，与直线连接的一端曲线的曲率半径是无限大，左右两股钢轨轨面等高；与圆曲线连接的一端的曲线半径与圆曲线半径相同，外股钢轨轨面比内股钢轨轨面高出圆曲线的超高 h。在这中间，通常曲率和超高都是逐渐变化的。这个连接曲线就叫做**缓和曲线**。相应地，圆曲线另外一端也是连接一段过渡的缓和曲线再接入直线，只不过其曲率和超高变化与上述情况正好相反。

在高速铁路和常速铁路上，缓和曲线的作用是一致的，因而线型也是可以相同的。最简单也是最常用的缓和曲线的曲率和超高都是线性变化的，我们把这种缓和曲线叫做**三次抛物线型缓和曲线**。只不过高速铁路列车运行速度高，为了使旅客有更好的舒适度，就要求有较长的缓和曲线。

西班牙马德里—塞维利亚高速铁路曲线隧道及缓和曲线

所有曲线和缓和曲线上的内股钢轨高度不变，逐渐增加（或减少）的超高是通过抬高（或逐步降低）外轨而实现的。因而一节车辆运行在缓和曲线上时，4个轮对处外轨的超高不一致，相当于4个轮对处的外轨翘起高度不同，车轮就不处于同一个平面上。因而缓和曲线上列车运行时的安全性要较直线和圆曲线为差。缓和曲线越长，外轨抬高的变化越慢，4个轮对的翘起越小，列车安全性也越高。如果最小曲线半径为5 500～7 000米，最高速度300千米/时，则缓和曲线的长度在一般情况下要求490～700米。一般普通铁路最小曲线半径为1 000米时的缓和曲线长度仅30～120米，远远达不到高速铁路的要求。

（6）最大坡度和竖曲线

铁路通过的地形地势千变万化，在平面上，铁路线路有直线和曲线之分，在立面上就必然有平坡和或陡或缓的坡道。铁路坡道的陡缓用千分率表示。如果一段坡道，全长1 000米，升高（或降下）4 米，该段坡道的坡度则为 4‰。

坡道给列车的运行造成了一定的不利影响。列车上坡运行时，除其他的运行阻力外，在坡道上又附加了一个沿坡道向下的重力的分力，即增加了一个坡道附加阻力。显然，坡道越陡，即坡度越大，附加的坡道阻力也越大。列车上坡时，如果坡道过陡，机车的牵引力不足，列车速度越来越低，甚至停车而影响正常的运行。列车下坡时，这个重力的分力有使列车不断加速的趋势，为保证列车速度不要太快，不超过规定速度以避免列车发生事故，在必要时必须进行刹车，使列车降低速度运行。如果坡度过陡，列车刹车的制动力不足，就会形成刹不住车而产生“**放飏**”的危险现象。

因此从上坡、下坡时列车运行角度出发，要求坡道的坡度不能过大，这个最大的坡度就叫做线路的限制坡度或**最大坡度**。

在普通铁路上一般要运行很重的货物列车（3 000 ~ 5 000 吨），最大坡度都较小，限坡一般地段为 6‰，困难地段（山区）为 12‰。

新建高速铁路上，一般不运行很重的货物列车。旅客列车重量比较小，载客 1 000 人的一列车，重量一般不超过 1 000吨，因而它的坡道阻力比货物列车小得多。但高速列车要求的旅行速度高，因而不允许列车在坡道上的速度过低。如果在一条线路上可能运行两种最高允许速度不同的列车，则最大坡度受相对牵引重量大的列车的要求控制。如法国新建的高速铁路，由于列车短、重量轻、机车功率大，所规定的最大坡度有的地段达到 30‰。德国科隆—法兰克福新建的高速客运专线铁路上，运行 ICE—3 型高速列车，最高速度 330 千米/时，由于列车较轻、牵引功率大、技术先进，线路规定最大坡度达到 40‰。

坡道与平道或不同坡道之间的连接点，叫**变坡点**。列车通过变坡点时，运行状态就不平顺。此外，一列列车跨在变坡点上，前后两个车厢在坡度不同的坡道上，这时两个车厢的车钩相连的地方会出现错动，这个错动值过大就会造成车钩损坏或车钩脱开。因此，在铁路上不允许坡度值相差较大的两个坡段直接相连，而必须在其间有个过渡地段，最简单的办法就是在立面上设置一段圆曲线，两端分别与坡道相连，中间逐步从一个坡度过渡到另 ·坡度，使列车运行平顺，保证安全和旅客的舒适。这段立面上的圆曲线就叫**竖曲线**，其半径就叫做竖曲线半径。

德国科隆—法兰克福新建高速铁路，最大坡度40‰

竖曲线是纵断面上的圆曲线，其半径大小受以下条件限制：①列车通过变坡点不脱轨。列车通过竖曲线时，前面车轮有可能呈现悬空状态，其最大悬空值不超过轮缘高度，就可以保证列车不脱轨。竖曲线半径越大，前轮悬空高度越小，列车运行越安全。②满足车钩不脱钩要求。列车在竖曲线上时，相邻车辆相对倾斜，使相邻车钩的中心线上下错动，如果超过限定的数值，就容易引起上下脱钩。竖曲线半径越大，相邻车钩上下错动的量就越小，列车车钩脱钩的危险就越小。③列车运行平稳。列车运行在竖向圆曲线上时会产生竖向的离心加速度和离心力。竖曲线半径越小，离心加速度就越大，会使乘客感到不舒适，因此竖曲线半径也不宜过小。在高速铁路上，竖曲线半径通常由列车运行平稳、旅客舒适条件来控制。

根据试验，通过竖曲线时产生的竖向离心加速度如果小于0.4 米/秒^2，坐在车内的乘客几乎感觉不到，所以高速铁路上竖曲线的离心加速度限值规定为0.4 米/秒^2。如果最高允许速度为350 千米/时，则在高速度地段，竖曲线半径设计为25 000米。

而在普通铁路上，列车行车速度低，竖曲线半径就小得多。一般干线竖曲线半径规定为10 000米。

3.2 铁路轨道构造——高标准

(1) 轨道由什么构成

铁路线路的上部结构由钢轨、轨枕、道床及一些连接扣件组成，一般称之为轨道。

(2) 钢轨的形状与车轮的形状

大家都见过钢轨，但可能没有注意到钢轨顶面的特殊形状。钢轨各部位的尺寸有严格的要求，一般干线要用每延米长重60千克的钢轨。

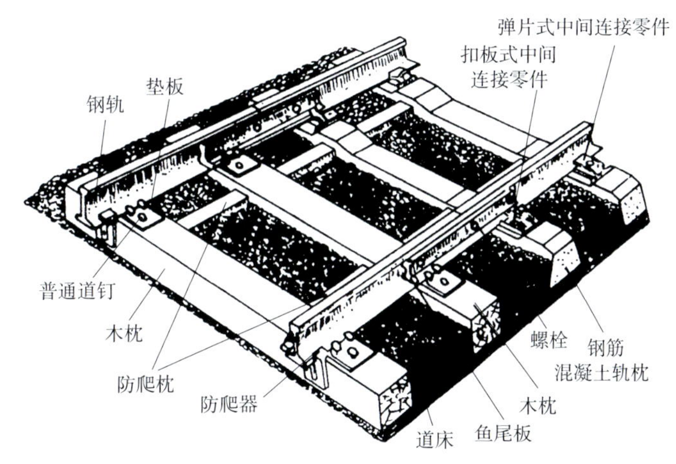

轨道结构示意

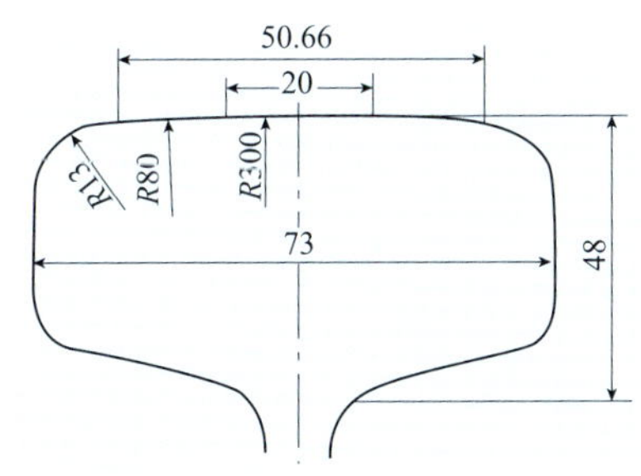

60千克/米钢轨的头部尺寸（单位：毫米）

钢轨头部主要承受滚动的车轮传递的垂向力和水平力。为了延长钢轨和车轮的使用寿命，钢轨头部顶面设计为隆起的圆弧形，使车轮传递的压力能集中于钢轨顶面的中部。钢轨头部两侧设计成小半径的圆弧，是为了与车轮踏面（车轮与钢轨顶面相接触的走行表面）和轮缘部相配合，避免车轮爬上钢轨造成事故，也使车轮和钢轨的磨耗合理。钢轨要起到对列车运行的导向作用，两根钢轨间的距离必须固定，这固定的距离叫做轨距，我国现采用的轨距是多数国家采用的 1.435 米，称为**标准轨距**。俄国采用的轨距为 1.524 米，称为**宽轨铁路**。有些国家如日本、瑞士，采用小于 1.435 米的轨距，称为**窄轨铁路**。窄轨铁路有 1.0 米或小于 1.0 米不等。

为了使列车能平稳地沿着钢轨的导向快速运行，车辆的车轮形状，特别是与钢轨接触部分的形状有严格要求。车轮突起部分叫做**轮缘**。它与钢轨内侧接触，起到导向作用并防止车轮爬上钢轨。车轮与钢轨顶面接触部分叫做**踏面**。经过长期的发展，现各国都采用圆锥形的踏面，有一向外的斜坡。一根车轴和两个车轮形成一个轮对，它们按规定的尺寸紧压配合组成一个整体，相互间不允许有任何松动。当然，两个车轮间距离是和线路的轨距匹配的，以保证列车在钢轨上安全运行。

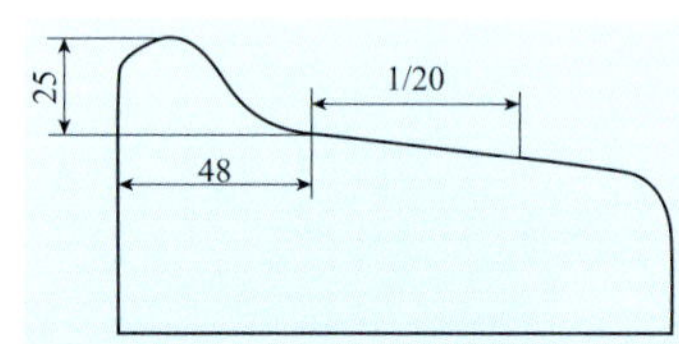

一种典型的标准客车车轮轮缘和踏面尺寸（单位：毫米）

一个车厢坐落在 4 个轮对上，一列火车由众多车厢连接组成。每个轮对是刚性固定轮距的，而每个车厢又是松动连接的。这样，一列载重火车沿着固定轨距的轨道上高速运行，车轮与钢轨间的相互作用和复杂性可想而知。铁路科技工作者一直在探索“轮轨相互作用”这一复杂课题，因为它直接影响到铁路轨道结构和机车车辆的设计。经过一个半世纪以来的探索，人们对轮轨相互作用虽然还没有完全认识，但已摸索到许多规律。前面提到的钢轨头部和车轮踏面的形状尺寸的规定，正是多年研究的结晶。让我们先了解列车在钢轨上运行时有什么特性，才能更好地理解铁路轨道结构的特征和复杂性。

（3）列车在钢轨上运动的特性

车轮和钢轨接触的表面并不是圆柱形而是一个锥体，所以在直线上两者的接触状态可理想化如图所示的简化模型来分析。从图中可见，在直线上有锥度的车轮轮对运行在左右两股钢轨上，相当一个形状像梭子的两头尖、中间粗的东西走行在左右两股钢轨上。如果轮对向左偏一点，此时的左轮滚动圆直径变大，左边车轮走行一周距离变长，右边车轮走行一周距离变小，故走行一段后，轮对必然向右偏。而轮对向右偏后，又会发生与上述过程相同的现象，轮对又会向左偏。如此往复，即轮对不是沿两股钢轨的中心线（即线路中心线）向前移动，而是像蛇一样左右蠕动前进，这就叫轮对的**蛇行运动**。

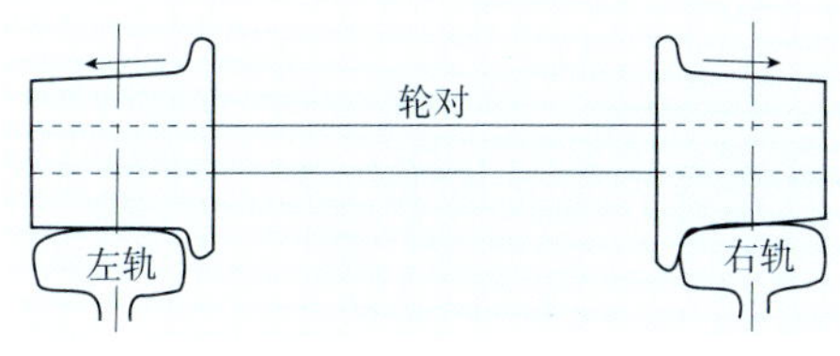

轮轨接触简化模型

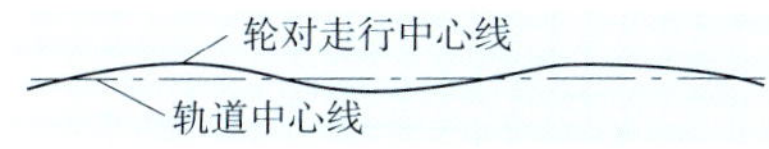

轮对在直线上的蛇行运行

因为一开始轮对不会正好在线路中心，另外，车轮和钢轨制造、安装或铺设都会有一定的误差，所以直线上轮对的蛇行运动将难以避免。蛇行运动意味着高速行驶的列车，通过各个轮对将向轨道施加纵向、横向的冲击力。要降低这种轮轨间的冲击力，当然要从机车车辆和轨道结构两方面着手。从轨道结构方面要求，它必须保持平顺稳定，即轨道的轨距、水平、高低、方向和扭曲等要素必须经常保持在规定值的允许误差范围内。轨距前面已有说明；**水平**是指左右两根钢轨的水平位置；**高低**指轨道的纵向平顺情况；**方向**是指轨道中线位置与原设计位置的一致性；**扭曲**指左右两钢轨顶面相对于轨道平面的扭转情况。轨道不平顺会引起机车车辆的上下和左右剧烈振动，使列车作用在轨道上的垂直附加动力和横向水平力加大，严重时将危及行车安全，造成列车脱轨。这种危害性随列车速度的提高而增大。各国铁路对轨道养护以达到平顺和稳定的要求是很严格的，对高速铁路的要求更为严格。以轨距为例，1.435 米轨距，允许误差只是 +6 毫米和 -4 毫米；以高低为例，轨道的纵向不平顺，在 10 米长度内不得超过 ±7 毫米。显然，这就对组成轨道的钢轨、枕木、道床及各种连接扣件等都提出严格的技术要求。

（4）**无缝线路**对高速的重要性

钢轨的类型或强度以每米长度的质量（千克）表示。常用的钢轨有 60 千克/米、50 千克/米、43 千克/米等。

高速铁路上列车速度快，对钢轨的作用力也较大，故采用断面尺寸比较大的 60 千克/米钢轨。为了保证高速列车运行的平稳性，对钢轨表面特别是与车轮接触的轨头部分表面的平顺性还有严格的要求。通常要求 1 米长钢轨范围内钢轨表面的凸起或下凹不超过 0.1 毫米。

铁路线是由一根根钢轨连接起来铺成的。钢轨受轧钢设备和中途运输条件的限制，每根的长度不能太长，早期的标准长度为 12.5 米，后来加长为 25 米。如果一根钢轨长 12.5 米，则 1 千米铁路就会有 80 个接头。由于钢轨暴露在空气中，受到年温差和日温差变化的影响，会时胀时缩，因此两根钢轨接头处留有一定的间隙，钢轨两头都预留螺孔，用夹板（叫做**鱼尾板**）和螺栓将两根钢轨连接。每节车厢的每个轮对通过钢轨接头处，必然会产生剧烈振动，使旅客感到不舒适。一条线路上，如此多的接头，如此频繁不断的振动，旅客是难以忍受的。这种振动随列车速度提高而增强，严重损坏钢轨端头和车轮的踏面，形成所谓低接头和踏面伤疤，从而更加剧了列车通过时的振动，形成恶性循环。在这种情况下，要求维修时将低接头用堆焊修补并磨平。在轨道纵向不平顺的允许值是10米长为±7毫米条件下，显然钢轨接头是不平顺的最薄弱环节。

为了减少钢轨接头，经试验，已成功地将标准长度的钢轨焊接成数百米长一段的钢轨铺设线路。首先在工厂将25米的钢轨焊接成长轨，用专门的车辆运到工地，然后在工地再焊接成更长的轨道。用这种焊接长钢轨铺成的线路叫做“无缝线路”。世界各国高速铁路基本上均采用无缝线路。全世界无缝线路总长已达45.4万千米，约占世界铁路总长度的35%。

法国高速铁路正在铺设长钢轨“无缝线路”

焊接长钢轨的应用需要解决一系列的技术难题。首先是焊接材料和方法，特别是工地焊接用的设备和工艺；其次是如何保证长钢轨在年温和日温的变化下保持轨道的平顺和稳定。这必须进行**锁定轨温**设计，也就是根据线路的具体条件（终年运营的最高与最低轨温及变化情况），通过轨道稳定性的强度计算，设计出长钢轨的中和温度，即将自由伸缩状态的长轨采用扣件将其扣结于轨枕使之锁定时的轨温，以保证长钢轨的平顺与安全。此外，扣件的扣紧力及防爬设备也须精密设计，无缝线路上的长钢轨的两端和其他部位都用扣件和防爬设备将它强制地固定在轨枕上。长钢轨在温度变化下，不能自由地伸缩，这样就会在钢轨内部产生温度应力。温度升高时，钢轨内部产生压应力；温度降低时，则产生拉应力。如果长钢轨不能很好地锁定在轨枕上，则在温度应力作用下，钢轨会发生横向鼓胀，铁路上叫做胀道事故。在这种情况下，轨道的轨距就不能保持了。如果钢轨和轨枕间的锁定很好，而轨枕与道床间的摩阻力不够，同样也会发生胀道事故。焊接长钢轨的长度愈长，保证其平顺稳定的技术要求的难度也相应增大。高速铁路要求列车停车的两个车站之间没有一个轨缝，全部用焊接成一条的长钢轨铺设。无缝线路的应用减少了接头鱼尾板和螺栓，节省了大量钢材，减轻了线路的维修工作量，显著地提高了线路的平顺和稳定度，减少了振动和噪声的环境污染。

(5) 轨枕和钢轨连结设备

从轨道构造示意图可知，要保持轨道的固定轨距和方向，钢轨需用连接扣件固定在轨枕上。在第二次世界大战之前，铁路都用木材做轨枕，叫木枕。木枕要求材质坚硬，如松木。木枕的优点是弹性好，重量轻，加工简单。早期是用道钉（俗称狗头道钉）将钢轨固定在木枕上，加工非常简单，用手锤即可将道钉打入枕木将钢轨固定。道钉虽然很简单，但一直使用了100多年。木枕在露天条件下易于腐坏，人们采用了多种防腐工艺来延长木枕的使用寿命。木材是宝贵的资源，国外铁路也大量使用钢筋混凝土轨枕。最常用的混凝土轨枕有整体式和分块式两种。德国，日本高速铁路现采用的是整体式预应力钢筋混凝土轨枕，而法国高速铁路则采用分块式。哪一种形式比较优越，目前尚无统一的看法。

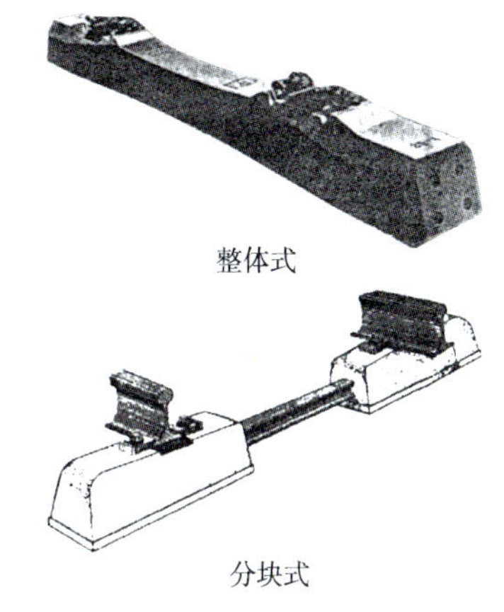

混凝土轨枕的类型

长钢轨和混凝土轨枕的应用，显示出作为锁定钢轨的扣件，早期的道钉已不适用，一方面道钉的锁定力不足，再者它也不易与混凝土轨枕连接，因而各国研制并采用了多种形式的扣件装备，包括螺栓道钉、弹条道钉等，既能保持足够的锁定力，又能方便地与混凝土轨枕连接。木枕本身有弹性，钢轨底可直接置于木枕上，并在轨底加一刚性垫板以扩散接触面上的应力。由于混凝土轨枕基本没有弹性，钢轨与混凝土轨枕的接触，在重复动荷载作用下，易于损伤钢轨和轨枕，并且对车辆不利，因而在钢轨与轨枕的接触面处要设置一块橡胶垫板作为缓冲。对橡胶垫板的强度、弹性和耐久性都有一定的要求。

钢轨与轨枕连接在一起即形成**轨排**。在列车蛇行运动产生的横向力作用下，整个轨排会产生横向移位。如果横向移位不断发展，则轨道就会丧失稳定。防止横向位移就靠轨枕下的道砟，也叫道床。轨枕是直接放在道床上的。

道床的主要材料是碎石和筛选后的卵石等，它的作用是承受轨枕上部的荷载均匀地传递到路基上，缓和车轮对钢轨的冲击，排除轨道中的雨水，并保持轨道的稳定性能。因为碎石道砟兼有坚硬、稳定和不易风化等特性，所以是传统的道床材料。

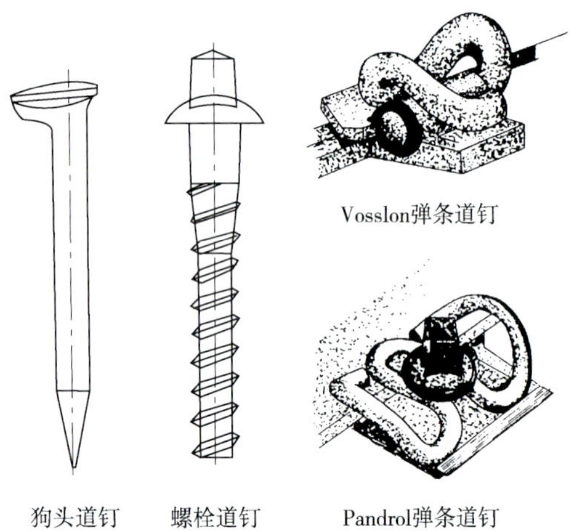

某些类型的扣件

碎石道床的优点是强度高，承载力强，稳定性和排水性能都较好，并且取材容易，造价低。因为列车的重量越大，运行速度越高，道砟的受力也越大，所以对道砟的材料要求也越高，一般讲花岗岩道砟的性能最好，石灰岩道砟性能就差一些。石灰岩道砟在列车荷载的长期作用下，石砟之间相互挤压、摩擦常会发生破碎粉化现象。粉化的道砟在雨水作用下产生道床板结硬化，使道床起不到良好作用。另外，有的路基上道砟受挤压会嵌入到路基面的土质内部，时间一长，土和石砟相互掺和，形成**道砟囊**，加上下雨的雨水，使道砟囊中的土形成泥浆，在列车的振动下冒出道床上部，形成**翻浆冒泥**现象，更加剧了道床的破坏，严重情况下会影响行车的安全。

翻浆冒泥现象使道床受到严重破坏

在高速铁路上，为避免上述现象的发生，必须选用优良材质的花岗岩道砟，并且增加道床石砟的厚度。道床顶面的宽度要在轨枕端头外留出一定宽度，叫做道肩。道肩的宽窄对道床的横向阻力有较大影响。道肩愈宽，则阻力愈大。法国的道肩宽为50~65厘米，德国运行速度160千米/时的铁路道肩宽为50

厘米。

日本北陆新干线高速铁路的道床与轨道结构

轨排在列车的动力作用下，特别在坡道上会产生纵向位移。车轮对两根钢轨的冲击力经常是不均衡的，因而两根钢轨可能发生不均衡的纵向移动。为防止这种现象对轨道稳定性的影响，在轨枕之间设置纵向支撑，在钢轨与轨枕连接处设置插入道床的钢板，增大纵向阻力。这些都叫做**防爬设备**，即防止轨排顺线路方向爬行。

（6）新的**无砟轨道**

有铁路以来一直采用的轨道结构形式是轨排放在道床（即道砟）上，再下面就是路基，这叫做有砟轨道。列车运行对轨道的平顺度和稳定性要求是很高的。钢轨和轨枕间有很好的连接，形成了稳固的轨排，但轨排放置在道床上，没有任何连接措施，道砟在列车动力作用下，易风化破碎松动，靠经常维修来保证其稳定。显然，在线路上部结构中，道床是最薄弱的环节，特别在高速铁路条件下更是如此。因此，世界各国用了相当长的时间在研究开发不用道砟的轨道，即所谓新型的"无砟轨道"。

事实上"无砟轨道"并不是新的设想。城市中的"有轨电车"就是用的"无砟轨道"，它的轨道下没有道砟，轨枕直接固定在路面地层中。这样的轨道整体性强，稳定性好；轨道的几何形状，对轨距、方向等与平顺度有关的要求易于实现，从而减少了养护维修工作量。但是，它的投资费用高得多，施工要求严格，一旦出现问题，维修起来非常困难。此外，不用道砟，轨道结构的弹性不佳，会加速轨道和车辆的损坏。因此，除城市有轨电车因地面还有其他车辆通行而采用无砟轨道外，铁路的轨道都采用有砟轨道。随着科学技术发展，特别是施工养路机械和新型垫层材料的发展，在常速铁路的隧道中也已采用无砟轨道，称为"整体道床"。因为隧道中，特别是长隧道，养路工人在洞内维修有砟轨道，劳动条件差，强度大，宁可增加投资而采用整体道床。

高速铁路对轨道的平顺度和稳定性

的要求较常速铁路更高，因而在所有线路上采用无砟轨道的优越性更大。所谓无砟轨道就是以混凝土或沥青混合料等取代散粒道砟道床而组成的轨道结构型式。与有砟轨道相比，它的优点是轨道稳定性好，维修工作成本显著减少，只有有砟轨道的 18% ~33%；耐久性好，平顺性及刚度均匀性好；结构重量轻、可降低桥梁的固定负载，降低隧道的净空，道床整洁美观。但无砟轨道的轨枕要固定在路基面层，没有道砟缓冲，作用在路基面的动应力将显著加大，路基顶面必须强化。如轨排直接置于土质路基上，如果土质路基发生大的变形而下沉量大，则后果不可设想，线路修复极其困难。因此，德国在 20 世纪 90 年代早期新建的高速铁路上，就修筑了几种不同结构的无砟轨道试验段和有砟轨道比较，以便积累经验。在这些试验段都埋设了多种观测元件，不断观测轨道和路基中的动力反应。经过反复试验，无砟轨道的优越性得到了证实。而且其成本也下降到有砟轨道的 1.3 倍。目前新建的德国科隆—法兰克福高速线已有 80% 区段采用无砟轨道，日本北陆新干线已有 85% 区段采用无砟轨道，上越新干线 91% 区段采用无砟轨道，无砟轨道开始得到广泛的应用。

德国科隆—法兰克福高速铁路 80% 区段采用无砟轨道

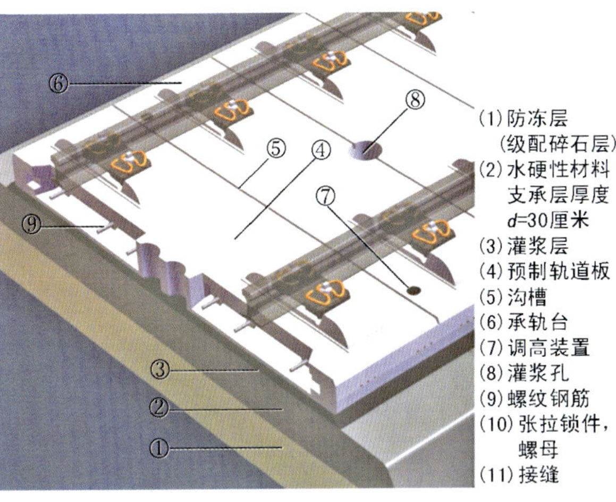

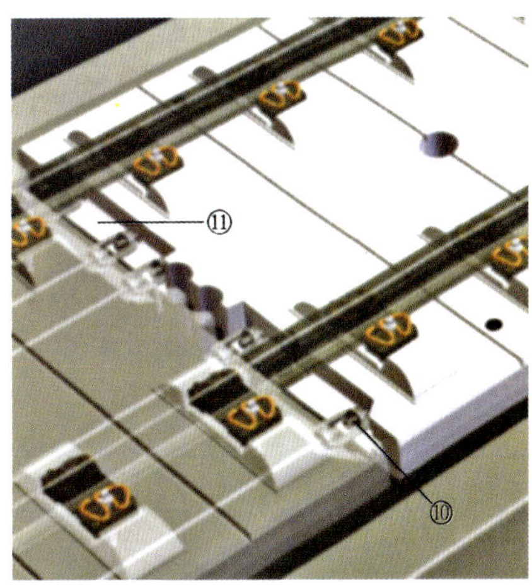

普通型板式无砟轨道

由钢轨、扣件、预制混凝土轨道板、乳化沥青水泥砂浆调整层（简称CA砂浆）、混凝土凸形挡台及混凝土底座等部分组成。凸形挡台周围采用树脂材料充填，扣件铁垫板上设置充填式垫板。

日本北陆新干线85%区段采用无砟轨道

韩国高速铁路车站内的无砟轨道

日本高速铁路道岔区无砟轨道

（7）高速道岔

道岔一般设在车站里，是线路连接设备的一种，用来使列车由一股道转入另一股道。普通铁路上最常用的道岔是单开道岔，是连接直线股道与侧线股道的道岔，其数量占各类道岔总数的90%以上。

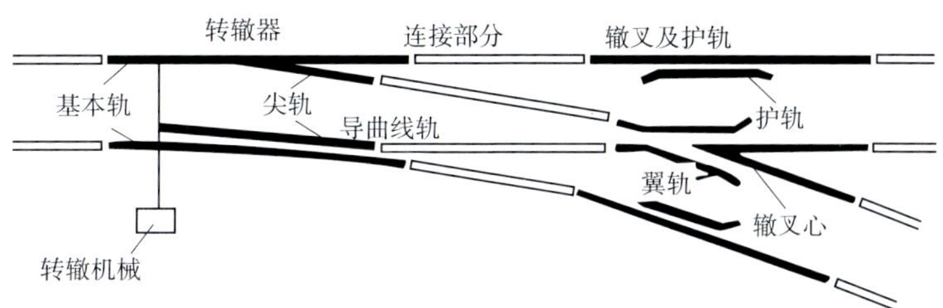

单开道岔

单开道岔由转辙器、辙叉及护轨、连接部分组成，它是铁路线上最普通、最常见的道岔。辙叉包括辙叉心、翼轨和护轨。

在普通道岔上，从两翼轨最窄处到辙叉心实际尖端之间，存在着一段轨道中断的空隙，叫做辙叉的有害空间。当列车通过辙叉有害空间时，轮缘有走错辙叉槽而引起脱轨的可能，因此，必须设置护轨，对车轮的运行方向实行强制性的引导。道岔上的有害空间是限制列车过岔速度的一个重要因素。为了消灭有害空间，适应列车高速运行的要求，国内外都发展了各种可动心轨辙叉心道岔。

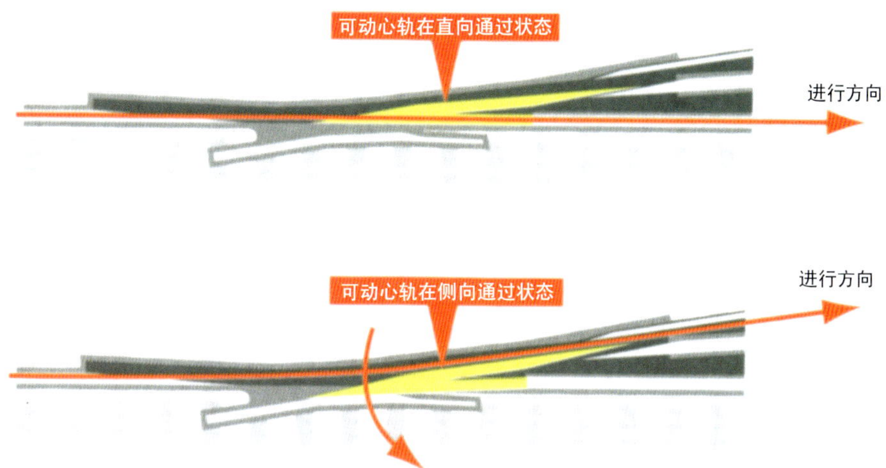

可动心轨辙叉心道岔

其长心轨的跟端是弹性可弯的，短心轨跟端为滑动式，因而整个心轨是可以活动的，并与两侧的翼轨都能密贴。这种道岔的辙叉心轨和尖轨同时被扳动，当尖轨开通某一方向时，可动心轨辙叉心轨就与开通方向一致的翼轨密贴，彻底消灭了有害空间。

道岔号数（N）是代表道岔各部分主要尺寸的，我们习惯上用辙叉角的余切表示。号数越大，表示辙叉角越小，机车车辆通过道岔时越平稳，允许列车侧向过岔速度就越高。所以，采用大号码道岔对于列车运行是有利的，但道岔也就越长，造价越高。随着列车重量和速度的提高，应逐步采用强度更高、型号更大的道岔。除了单开道岔外，还有曲线道岔、三开道岔和复分道岔等道岔群，用于不同的分岔线路上。

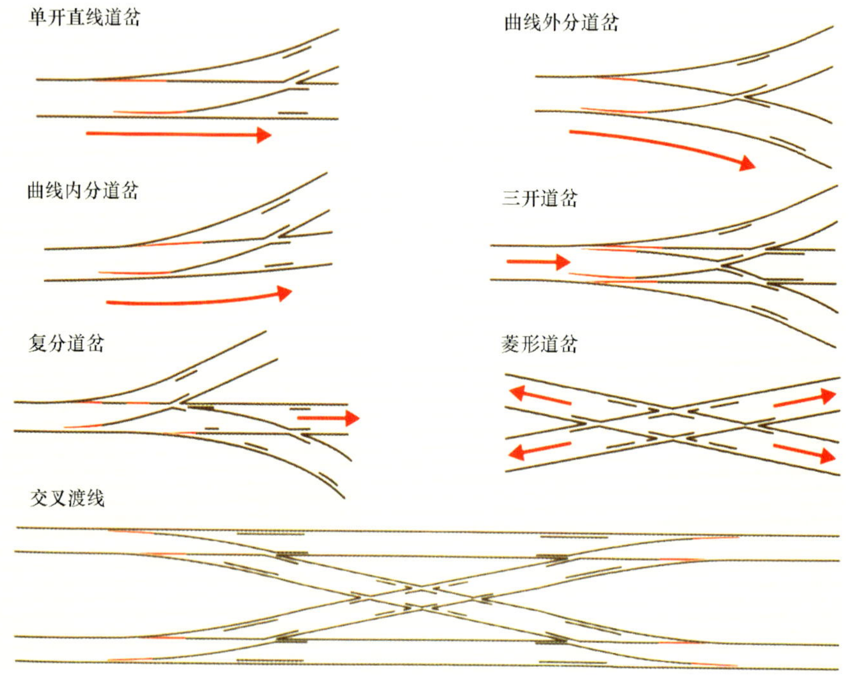

道岔的分类

在高速铁路上，为保证旅客列车有较高的通过道岔速度并有足够的旅客舒适感，除了采用可动心轨道岔外，还必须提高道岔号数。导曲线半径较大为4 000米时，采用38号以上可动心轨道岔，可以使列车以160千米/时的速度侧向平顺地通过道岔，进入另一股线路。如果用两个38号以上道岔反向连接，在两条线路之间搭成一个桥的过渡形式，就叫**交叉渡线**。

法国大西洋高速铁路线上运用的大号码道岔，创造 501 千米/时记录

日本北陆新干线上采用的 38 号可动心轨道岔，侧向 160 千米/时

西班牙高速铁路的AV160可动心轨道岔，侧向160千米/时

交叉渡线在高速铁路上是不可避免的。它铺设在车站之间的双线铁路上，这在常速铁路上是不允许的。铁路运输的习惯是靠左行，火车不允许逆向运行。车站之间（称作区间）铺交叉渡线，则允许列车在逆向线路上行驶，超越同方向前面的相对速度较慢的列车，或前方出现的临时线路障碍，就像双车道公路上，汽车超车时的情况。在高速铁路上，允许列车必要时走逆行线，显然要有绝对的安全措施。这也体现了高速铁路的高新技术。

3.3 高速铁路路基——牢固、稳定

（1）强化基床表层——相当于在高速公路上铺铁轨

高速铁路的路基具有特别重要的意义。法国在两条高速铁路运营多年后的总结中说，高速铁路能顺利运行，是因为有非常良好的下部结构工程——路基。

铁路路基一般由基床、路堤本体和地基三部分组成。如果是路堑，则基床下即为天然土层。基床是指路基顶部直接受到列车动荷载作用的部分，厚约2.0~3.0米。基床表面厚1.0米的表层，直接与道砟接触，应具有一定的刚度，且坚固稳定，防止雨水下渗软化基床土，防止道砟压入基床或基床土挤入道床。基床土遇水软化强度不足，则道砟在列车的动力作用下，将被压入基床而形成“道砟囊”。一旦形成道砟囊，则更易积水而软化下部土层，使道砟囊进一步发展。如果

基床表面遇水软化形成泥浆，在列车动载振动下，泥浆将挤入道床形成翻浆冒泥病害。这类病害称为"基床病害"。它的出现和发展，将引起轨道的不平顺和不稳定。基床病害也是影响既有铁路速度的原因之一。

高速铁路不允许路基出现任何基床病害。为此采取了新的基床结构，以强化基床表层。例如，法国高速铁路采用的有砟轨道路基结构，基床表层和下面过渡层填筑材料的级配（即对不同材质的碎石按颗粒粒径大小成比例进行拌合，并控制其含水量，最后将拌合均匀的碎石进行摊铺和碾压）、铺设厚度、密实度等标准根据路基本体的填筑级别确定，都有严格的要求。如果工地附近的土石料源不符合要求，则将沙石经过筛洗重新配合使其达到要求的级配。各国均有专门供应级配砂石料的工厂。

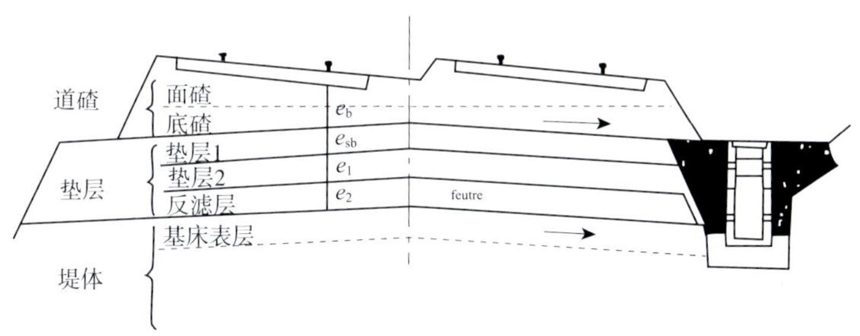

法国有砟轨道基床结构示意图

基床表层和下面过渡层级配碎石的摊铺碾压

人们常常有一种错误的概念，认为铁路或公路的路基，就是将土石料碾实压密填筑起来，没有什么技术。必须认识到，土石方也是工程，而且是一切建筑工程的基础，不重视它会引起无穷隐患。无砟轨道对基床质量的要求更为严格。例如德国试验的两种结构型式无砟轨道的路基顶部（即道床结构），在轨枕下面是用不同方法修建的“强化基床表层”，然后是基床底层、防冻害层，最后才是路堤本体或天然地基（路堑）。采用这样的路基结构可避免出现基床病害，为高速列车运行提供良好基础，减少线路的维修工作量。显然，由于路基工程量大，采用新的基床结构和技术要求，必须增大投资。

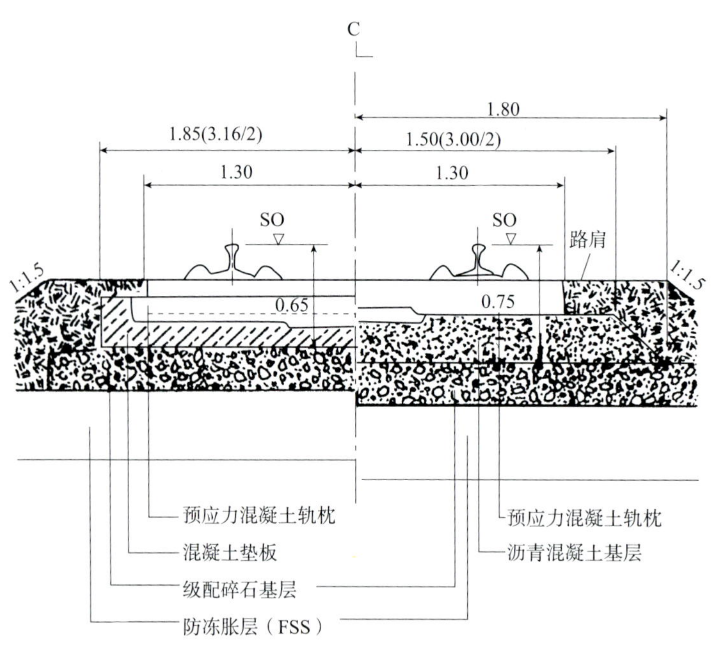

德国无砟轨道强化基床表面示意图

（2）清除路基和软弱地基沉降

在海滨地带，地下经常是深厚的饱和软土地层，软土层有的厚达六七十米。在这种地层上修建的高层房屋、道路工程等都曾发生长时期的下沉。除了地基可能发生沉降外，如果路基填土本身质量不好，在列车荷载作用下，路基也会发生沉降。前面提到高速铁路的轨道要求保持较高的平顺度和稳定性，如果路基和地基产生过大的沉降，必然将影响到轨道结构的平顺和稳定。国外高速铁路对路基在交付运营后的残余沉降有严格规定。如日本规定不得超过10厘米，换句话说，铁路开通后的整个运营年代内的总沉降不超过10厘米，那么每一年的沉降就必须很小了。特别是桥梁两头的路基更不允许有过大的沉降。因为桥台一般是没有沉降的，如果桥头路堤下沉，连接处会出现变坡，会引起高速列车的运行事故。软土地区高速公路，由于桥头路堤沉降过大而造成交通事故，屡有报道。高速公路上汽车的允许最高速度110千米/时，而高速列车的速度将大于250千米/时，如果发生沉降，其后果的严重性就可想而知了。

为了消除软土地带路基的沉降，其中路堤填土本身的沉降部分，可通过合理选择填筑材料、严格碾压密度检查来控制，这在设计规程中都有规定。而消除软土地基的沉降，一般都采用加速沉降法。软土地层的孔隙大、强度低，大多处于饱和状态，在上面修筑路堤，增加了重量，软土中的水将被挤压出来，发生压缩而造成路堤的沉降。软土的渗水性差，土中水排出得慢，因而压缩得很慢，延续的时间很长。为消除道路开通后沉降的最经济有效的方法，就是使软土地基可能发生的沉降，提前在道路开通前完成，因而叫做“加速沉降法”。在软土中打砂井或插疏松的塑料空心板，增加排水通道，地面填筑相当于路堤加上列车重量的土体，使软土的预计沉降在通车前完成。这样铺轨后就不会出现过大沉降了。当前，在软土地带修筑高速铁路、高速公路或飞机场跑道，经常采用“加速沉降法”。因为此方法所需工期长，必须提前施工，做好工程进度安排，保证沉降提前完成。当然，消除软土沉降的方法还有多种，但造价就昂贵多了。

(3) 路基与桥涵衔接处要特殊处理

高速铁路是全封闭的，不允许人和其他车辆进入或穿越，因而为便于地面交通和行人通过，常需要修建较多的高架桥或过人涵洞。桥涵是刚性的，而相连的路堤的刚性则相差很多。高速列车通过桥涵与路堤连接地段，由于轨道下部刚度的急剧变化，将引起车辆的剧烈振动，影响到旅客的舒适感，增大了轮轨间的附加动应力，加速轮轨的磨损和破坏。前面提到桥头路堤不容许有较大的沉降是指残余变形。这里提到的刚度则属于弹性变形，也要采取措施，使轨道通过桥涵与路堤衔接段时，增加路堤刚度，使轨道下部的刚度能平稳过渡。

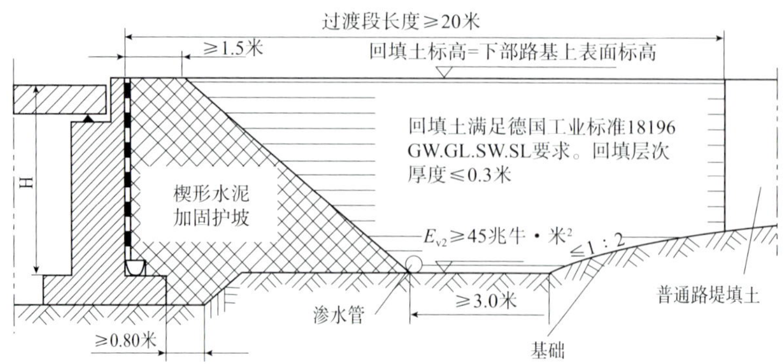

路基和桥涵衔接处均衡刚度的方法

3.4 高速铁路桥梁——大刚度、小挠度

（1）桥梁的竖向挠度和横向挠度

普通铁路跨越江河湖泊、山谷及与既有交通线路的立体交叉，都要设计桥梁。在高速铁路上除此以外，还有大量地质不良地区代替路基的高架桥。采用高架桥还可以节省农田，减少运土取土、避免路堤遮挡视线，确保线路平顺。例如日本高速铁路线，其中高架桥700多千米，桥梁222千米，共占线路总长的48%，而高架桥就占了线路总长的36%。日本已建的5条高速铁路桥梁、隧道和路基中以桥梁所占比例最高。在欧洲的法国、德国、意大利等在高速铁路中桥梁同样占有相当高的比例。

日本高速铁路各种构造物所占的比例

高速铁路	区间	总长（千米）	路基（%）	隧道（%）	桥梁（%）	高架桥（%）
东海道	东京—新大阪	515	53	13	11	23
山　阳	新大阪—博多	553	13	50	9	28
东　北	东京—盛冈	496	5	24	16	55
上　越	大宫—新潟	272	1	39	11	49
北　陆	高崎—长野	118	18	50	7	25

高速铁路以客运为主，因此高速安全和舒适是乘客对高速铁路桥梁的基本要求。高速铁路桥梁这一工程实体首先要为高速列车通过时提供高平顺、稳定的桥上线路，另外与周围环境的协调美观及高速列车过桥的低噪声也是沿线居民对高速铁路桥梁的基本要求。一般列车通过钢桥时，产生的噪声和振动远大于列车通过混凝土桥。造价低，养护工作量少也是高速铁路多采用混凝土桥的另一个主

要原因。钢桥仅采用在一些特殊场合，如跨越海峡或大河需要很大跨度时。日本跨越濑户海峡的大桥，横跨海峡 9.4 千米区段内包含三座悬索桥、两座斜拦桥及一座桁架桥，最大跨度 1 100 米，是世界上最长的跨度最大的公铁两用钢桥。

日本濑户海峡大桥是世界上最大跨度（1 100 米）的公铁两用钢桥

瑞典马尔默到丹麦哥本哈根的厄勒海峡大桥（全长 7.8 千米，50 跨）

混凝土梁桥

桁梁桥

斜拉桥

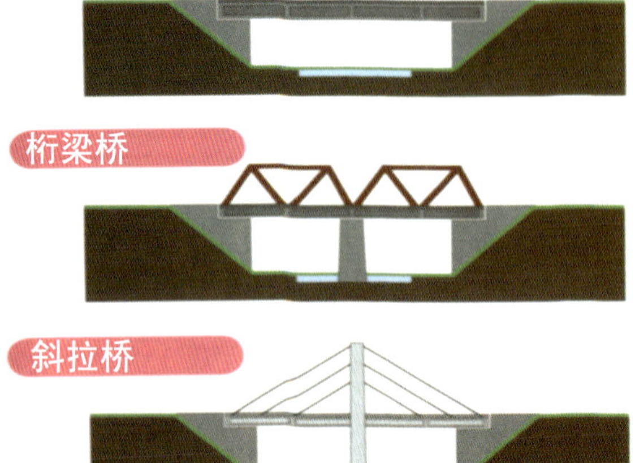

混凝土梁桥：一般最简单的梁桥，两端为混凝土桥台、桥面板为钢筋混凝土板；

桁梁桥：一般的钢桁梁桥，桥墩为混凝土，桥身为由钢杆件组成的桁架型承载梁；

斜拉桥：桥台为一立柱型框架，斜拉的钢缆承载桥面板的受力，多用于跨度较大的跨河海大桥；

刚构连续梁桥

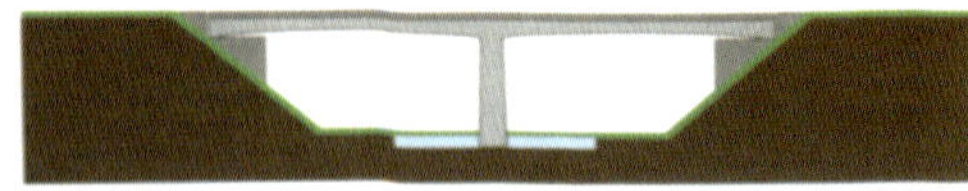

刚构连续梁桥：桥墩与桥面梁板制成一体的混凝土梁体，有很强的抗震能力；

钢筋混凝土简支梁桥

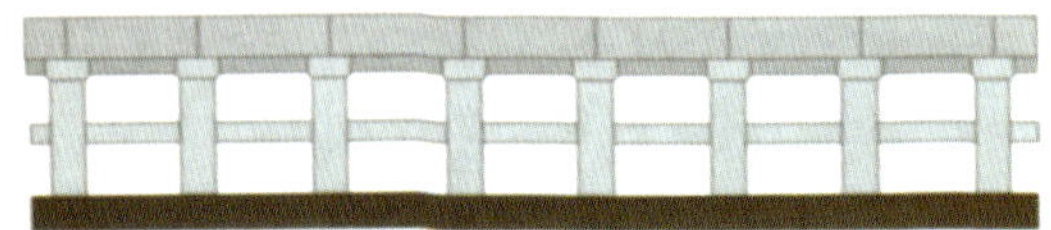

钢筋混凝土简支梁桥：跨度一般标准型式，是高速铁路高架桥中最普遍型式；

预应力混凝土梁桥

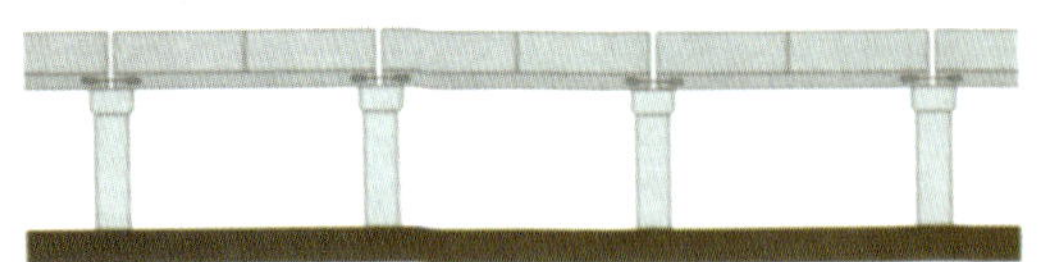

预应力混凝土梁桥：钢筋采用先张法使梁板具有上拱预应力，提高桥梁承载力，减少变形。

铁路桥梁的种类

高速铁路以客运为主，因而轴重比货车小，对桥梁结构而言是有利条件。但高速引起的不利效应却随速度的提高而更为突出。我们知道蒸汽机车的驱动机构是偏心曲轴连杆，因而动轮上都配置有平衡偏心块，车轮偏心块的周期性捶击是引起桥梁振动的主要因素。后来有了内燃和电力机车，动力性能得以改善，当速度提高到 160 千米/时，机车对桥梁的冲击影响也小于蒸汽机车。但当速度大于 250 千米/时，它的冲击影响就超过蒸汽机车了。

当列车通过桥梁时，桥梁的中部产生下沉，称之为竖向挠度，用中心下沉量和桥孔的跨长的比值来表示。挠度大表明桥结构的刚度小。桥梁中间下沉，则两端必然上翘，而使轨道形成纵向的不平顺，激发车轮的激振增大干扰，影响到列车的平稳和旅客的舒适感，严重时甚至发生共振。欧洲铁路联盟经过室内模拟试验、现场实测和理论分析，认为桥梁振动对旅客舒适度的影响，与3个值有关，即振动加速度、振动频率和振动延续时间。对行车安全可用轮重减轻率来限制。所谓轮重减轻率是指车辆高速行走时，由于线路不平顺、桥梁刚度不足等因素产生的振动加速度，使轮重上浮而减轻的百分率。为保证不发生脱轨事故，轮重减轻率应不大于25%。根据这些要求并通过理论分析，就可得出不同条件下桥梁的允许挠度，即刚度，用于具体桥的动力稳定分析。高速铁路允许最高速度为350千米/时时，桥梁的竖向挠度允许值列于下表。

桥梁的竖向挠度允许值

桥梁类型	桥跨长 L（米）	允许竖向挠度，f_{max}
单孔桥	$L\leqslant 24$ $80\geqslant L>24$	$L/2\ 500$ $L/2\ 000$
多孔桥	$L\leqslant 24$ $40>L>24$ $80\geqslant L\geqslant 40$	$L/2\ 500$ $L/3\ 000$ $L/2\ 500$

桥梁的横向挠度允许值，建议混凝土梁为梁长的1/4 000。钢桁梁则用桥的宽度和跨长的比值来控制，桥横宽愈大，则横向刚度愈大。建议钢桁梁的宽跨比应不小于1/7.5。常速铁路上，一般桥梁的允许垂直挠度为梁跨长的1/800，比高速铁路要宽松得多。另外高速铁路桥梁的纵向刚度，抗扭刚度也要足够大。

（2）桥上无砟轨道设计及过渡段连接

此外，当桥上铺有无缝钢轨时，桥墩发生沿线路方向的微小位移，会引起钢轨的附加应力。位移过大时将会引起轨道的失稳。目前建造的高速铁路桥多数为混凝土上承式桥，梁上是桥面，桥面上铺道砟和轨枕钢轨。道砟厚一般为30厘米。如果不用道砟，使轨枕直接坐落在桥面板上，可减小死重，从而减轻桥结构重量。为减小轨枕与桥面直接接触引起的振动，必须增设减振垫层。如果桥头路基仍采用有砟轨道，那么无砟桥面与有砟路基之间的过渡，也要采取相应措施。一般是在桥头路基过渡段上增铺护轨，以增加其刚度的均衡性。

（3）高速桥梁图谱

高速铁路通过居民区，采用大量外形美观的高架桥，与环境协调，是设计者追求的目标，同时还要满足桥梁寿命100年的要求。

高速铁路高架桥无砟轨道与线路有砟轨道过渡段铺设护轨增强刚度

西班牙马德里—塞维利亚高速铁路胡尔瓦混凝土大桥，全长950米，主跨度92米

德国法兰克福—科隆高速铁路兰特尔混凝土大桥，全长 438 米，主跨度 116 米

日本第二千曲川桥，预应力混凝土斜拉桥，跨度 133.9 米

法国地中海高速线上的阿特赫马桥，钢系杆双拱桥，全长324.6米，拱跨115.4米

德国汉诺威—维尔茨堡高速线上的诺勃斯列大桥

日本上越新干线赤谷川桥

德国 曼哈姆—斯图加特线富尔达谷架桥，简支梁，跨度58米

德国 法兰克福—科隆线 伐茨雷希汉姆上承拱桥，主跨 162 米

法国 地中海线，维阿杜克鱼腹式上承钢桁连续结合梁桥，全长 416 米，主跨 60 米

3.5 高速铁路隧道

（1）高速铁路隧道的种类

各国在修建高速铁路时，隧道占了很大的比例。日本山阳、北陆新干线隧道均占了全长的50%，九州新干线隧道占了全长的70%，意大利佛罗伦萨—博洛尼亚高速铁路隧道占了全长的93%。高速铁路隧道主要有三种类型：为了取直线路，尽量减少小半径的曲线，在通过山区时一般都采用隧道方式。这是最常见的高速铁路隧道形式，称为高速山岭隧道。另外，高速铁路在通过海峡时，在很难采用架桥方式条件下，也采用在海底修建隧道的方式。修建海底隧道是一项巨大的工程。目前世界上最著名的高速海底隧道有英吉利海峡海底隧道，全长50.5千米，1994年完成，当称20世纪世界最伟大的工程之一。日本青函海底隧道，联结了日本本州与北海道两大岛，全长53.6千米，但水下区段长23.3千米，早于1988年完成，已预留了将来修北海道高速铁路的位置。第三种是高速铁路通过平原地带的居民区，为避免噪声对居民的干扰，在平地挖槽，将线路降低，并在地面上修拱将线路覆盖，形成半埋式的隧道，称为明峒。

日本岩手一户高速山岭隧道，全长25.8千米，是2005年前世界最长的陆地山岭隧道

德国罗兰贝格高速山岭隧道

西班牙莫雷纳山高速山岭隧道

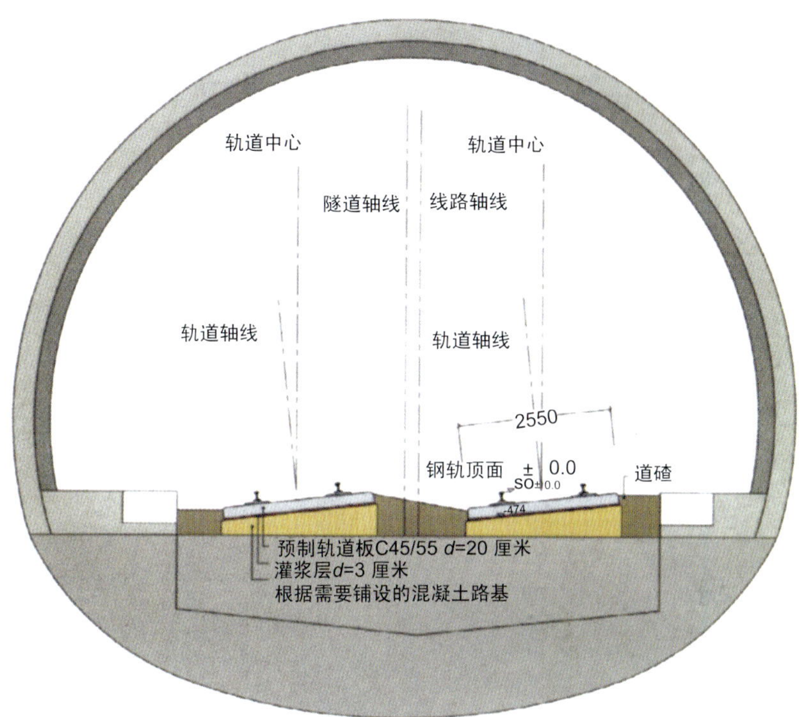

采用无砟轨道的高速铁路隧道断面

日本青函海底隧道，是世界上最长的海底隧道，全长53.6千米

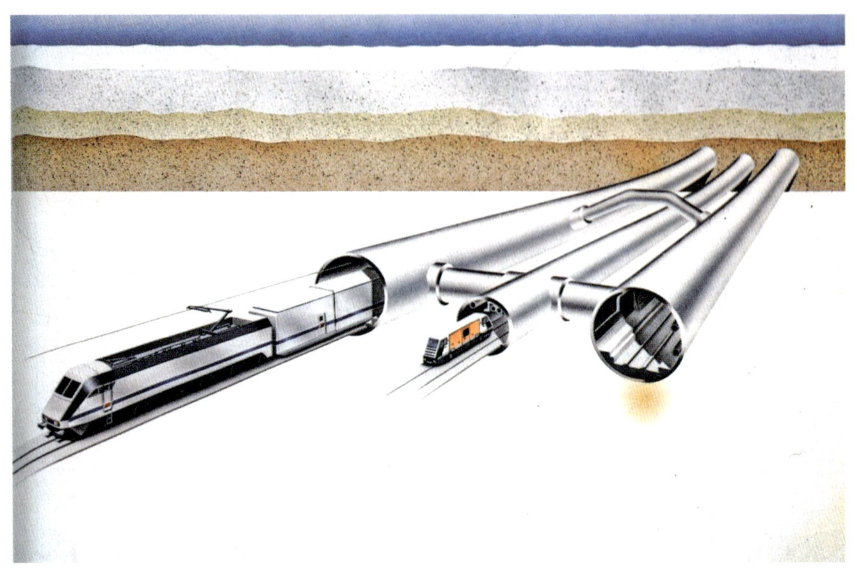

英法共同修建的英吉利海峡海底隧道，主体隧道在海平面下120米深处，两隧道之间有直径4.8米的服务隧道相通

法国大西洋高速线在巴黎近郊的明峒隧道

高速铁路隧道的修建施工方法主要有全断面开挖法和台阶开挖法。不同的岩层状态及特性决定采用不同的施工方法。全断面开挖法又可分为采用全断面岩石隧道掘进机（TBM）法（岩层地质条件较好）及钻爆法（岩层地质较差，有破碎带、膨胀性岩层或大涌水带等）。也可以两者结合使用，取长补短。

德国采用 TBM 机挖掘高速隧道

直径达 14.87 米的 TBM 挖掘机头部，每小时挖岩土量为 2 500 立方米

曾在英法海底隧道施工中使用的 TBM 机械的头部

双侧壁导坑法施工

锚杆施工

（2）高速列车通过隧道时产生的瞬变压力与微气压波

列车以高速通过隧道而诱发的空气动力效应与常速铁路完全不一样。就像乘飞机上升和下降时那样有耳鸣之感，其原因在于列车进入隧道后，洞内空气无法自由及时排开，于是机车头部前方空气受压缩而产生压力变化，不仅引起机车动力的额外消耗，而且车头和车尾的压力变化和压差在隧道中来回反射产生所谓瞬变压力，它会造成乘客的耳膜不适。影响这种瞬变压力大小的因素很多，如列车长度、隧道长度、隧道的净空断面和列车的速度等等。当然如果列车在隧道内交会，引起的压力变化，不仅是单一列车的叠加，而是更为复杂。上述众多因素的相互作用和相互影响也更为复杂。例如，在车速为 300 千米/时，列车长 360 米条件下，隧道长度在 1 千米到 3 千米之间，压力波动将剧增；瞬变压力还与列车速度平方成正比，当车速为 250 千米/时时，压力波动有明显增大，而当速度为 300 千米/时以上时，压力波动就更为显著。但从影响旅客舒适度考虑，要减轻瞬变压力对旅客耳膜的影响，隧道的净空断面和车辆的密封度是最主要而又相互关联的因素。显然，隧道净空断面愈大愈好，但断面增大要增大投资；车辆的密封要求则不仅涉及造价和维修费用，还和国家的工业技术水平有关。受日本地理地貌条件的限制，日本高速铁路上隧道甚多，为了大量降低建造成本，日本用的隧道的净空截面较小，只有64平方米，因此尽力在高速列车上采用新技术，应用大的**长细比**（车头的流线型部分的长度与车头截面的动力直径之比为长细比）流线型车头，大力加强车体的密封，以保证旅客的舒适感。欧洲由于山地不多则采用较大的隧道净空截面（92～108平方米）以降低压力波动。这样，当列车运行允许最高速度为300千米/时时，列车仅需较高标准密封；当速度提高到350千米/时时，列车要求高标准密封；而当最高速度低于260千米/时，列车密封要求相应较低。而一般普通铁路的双线隧道的净空载面仅为65平方米，两者的差距还是很大的。

高速铁路隧道遇到的另一个新的空气动力学问题是隧道洞口的**微气压波**问题，简称微压波。高速列车进入隧道，列车头部前方产生的压缩气波，在隧道内以音速向前传播，当到达隧道的另一端出口时，突然向外放射形成脉冲状压力波，称为微压波。

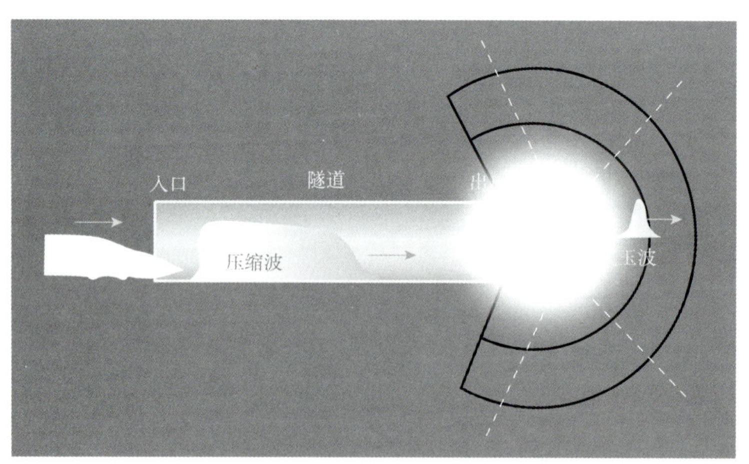

隧道洞口微压波的形成原理

1973年，哈蒙尼夫通过对有关列车隧道空气动力学问题的理论研究，预见到高速条件下可能产生微压波现象。1975年日本新干线冈山以西段，在试运营过程中首次观察到隧道出口有爆炸声响，造成洞口附近所有房屋窗户玻璃破碎和雨棚振坏，给居民生活带来严重的影响，造成环境公害。如前所述，日本高速铁路所用隧道净空断面较小，尤其是**隧道阻塞比**（即高速列车横截面积与隧道内轨顶面以上净空面积之比值）大，随着列车运营速度的提高，高速铁路隧道洞口出现微压波引起振动和噪声的环境公害较严重。为此，日本专家对这种现象的发生原因、规律和防止措施，进行大量现场观测、室内试验和理论分析。在大仓山隧道（长630米，石砟道床）洞口外20米处实测微压波，发现微压波与列车进洞口时的速度有很大关系，此外，隧道中用石砟道床将使微压波减小，而用整体道床时，微压波压力显著高于石砟道床。

（3）减少高速时微压波的办法

为减小微压波，日本科技人员研究提出在隧道洞口外设置**缓冲结构**。缓冲结构的作用是使列车前部的压缩波的压力梯度，经过缓冲结构而达到隧道洞口时已降到原有的20%～30%。这样，在隧道出口处产生的微压波就很小了。缓冲结构有两大类：一类是将隧道洞口建成喇叭口型。喇叭口的直径为隧道直径的2.5倍，过渡段的长度为隧道直径的3.33倍。另一类则在隧道洞口外增设相连的大明峒或棚架。明峒或棚架的断面积应为隧道断面积的1.5倍左右，明峒或棚架两侧开口以释放压缩气流，实际使用效果良好。

日本高速铁路隧道洞口的棚架缓冲结构

高速铁路的核心——高速列车

4.1 高速列车的主要组成

一列高速列车是由上千上万个零部件组成，是高新技术的大集成。但不论是何种类型的高速列车，它最基本的组成主要有四部分：

（1）牵引传动系统，它的主要作用是通过受电弓将电能从电网上接受下来，通过一整套整流、变流装备，将所需电能传送到牵引电机上转变成机械能，再通过齿轮传动系统使动轮轮对转动，牵引列车前进，牵引力大是对高速列车牵引传动系统的主要要求。

（2）走行部系统，铁路上称走行部为转向架，它的主要作用是承载高速列车的全部重量在钢轨上高速平稳地行走。对它的主要要求是平稳、高速、安全地运行。

（3）刹车系统，它的主要作用是使高速列车在高速行驶时能在规定的信号距离内停车，吸收及逸散高速列车全部动能。对它的主要要求是刹车有力，制动距离短但不能擦伤车轮。

（4）流线型轻量化的车头与车体，高速下能减少运行阻力，会车阻力及隧道阻力，保持车厢密封，提高经济性能。

当然高速列车还有其他很多组成部分，如网络控制、密接式车钩、车门、车窗、受电弓、车内设备等等，但这四大部分是高速列车的技术核心部分。

高速列车的四大组成

①受电弓；②真空断路器；③主变压器；④逆变器；⑤牵引电机输入；⑥控制柜；⑦空调装置；⑧蓄电池；⑨空气压缩机；⑩制动柜；⑪车体；⑫驾驶室；⑬车体支撑架；⑭空气弹簧；⑮辅助气室；⑯转向架；⑰横向减振器；⑱盘形制动装置；⑲车间纵向减振器。

4.2 牵引传动系统为高速列车提供巨大牵引力

（1）高速列车采用**电力牵引**还是**内燃牵引**

现在各国运行最高速度在250千米/时以上的高速列车都采用电力牵引的方式。为什么不采用内燃牵引呢？其主要原因是：内燃机车本身是一座小发电厂，装配有柴油机发电，将发出的交流电整流成直流电再变流成交流电，带动电动机来驱动车轮行走。由于铁路机车的空间限制了能源设备装置的规模，因而一台内燃机车的总功率（以所有驱动轴的功率之和表示）不可能太大。目前世界上功率最大的内燃机车的单轴功率也不超过500千瓦。英国的IC125型快速列车，一台内燃机车牵引10节车厢最高速度达到200千米/时。德国的ICE－TD摆式快速内燃机车，两台内燃机车牵引8节车厢，最高速度才达到230千米/时。电力机车所需能源则通过接触网从外部供电站获得，通过交流电的整流变成直流电供给直流牵引电机驱动车轮或将直流电再逆变成交流电供给交流牵引电机驱动车轮行走，单轴功率可达1000千瓦以上，这才能满足更高速度列车运行的需要。此外，内燃机车和汽车一样，排出的废气对环境造成污染，特别在长隧道中更为严重，而电力机车本身对环境没有污染，但它需要增设接触网、变电所等设备，增加了初期投资。再者机车本身没有能源，因而转移不便，易受外界灾害的影响。

（2）动车配置是动力集中还是动力分散

高速列车都是以动车组型式投入运营，也即车头与车厢是连结在一起不能分开的，传统的火车头已成为动车组中的动力车，而没有动力的车厢称为拖车。高速列车的动力配置有两种方式，即动力集中和动力分散方式。

将牵引动力集中布置在列车两头的动力车（相当于传统的火车头）上，列车中间的拖车都没有动力，这种布置动力的方式称作**动力集中方式**。采用动力集中这种编组形式的如法国、德国的高速列车TGV—A，ICE—1等，即为两头是动力车，中间14节客车车厢。动力车车轮在钢轨上运动前进依靠的是车轮钢轨间的摩擦力（称作黏着力），要提高列车运行速度就要提高动力车的牵引力，因而就要增大动力车的重量以提高轮轨间的摩擦力（黏着力）。这样重的动力车在高速运行时对铁路线路的破坏必然也加重。此外，一种型号的动力车，有固定的牵引功率，一旦要增加列车拖车的节数时，可能就要更换功率更大的动力车。

为了克服动力集中式列车的缺点，

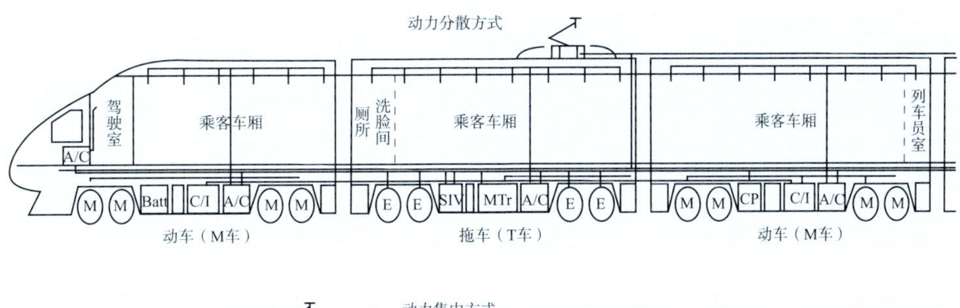

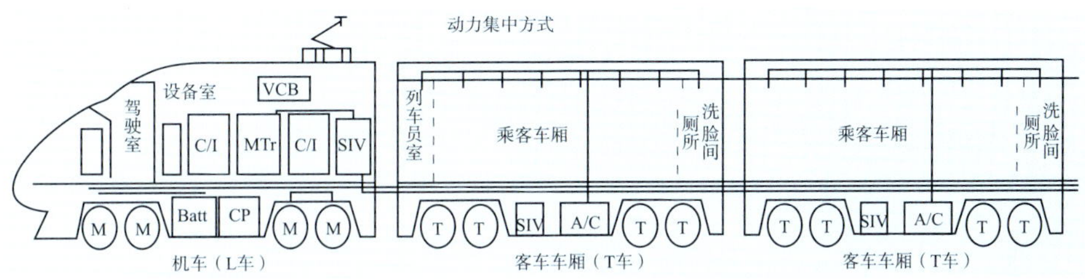

高速列车的动力集中方式及动力分散方式

M 动力轴，E 拖车车轴（有涡流制动或盘型制动），T 拖车车轴（有盘型制动），C/I 变流器/逆变器，SIV 静止式逆变器，MTr 主变压器，Batt 蓄电池，A/C 空调装置，VCB 真空断路器，CP：空气压缩机

另一种动力布置形式叫做**动力分散方式**。就是将牵引动力分散布置在列车每一节车厢或大部分车厢上，使每一节车厢或大部分车厢都能有走行动力。日本的高速列车，都采用动力分散布置的方式。运行于东海道新干线上的第一代 0 系列“回声号”高速列车，由 16 节车厢组成，每节车厢都有客座，也都配置有牵引动力。显然每节车厢都是动力车，所需的动力装置功率则较小，车辆的重量可以减轻，对线路的破坏也较轻。同时要增加或减少车辆节数就比较方便。此外每辆车都可利用电气制动，增加了列车制动能力，减少空气制动刹车件的磨耗。但因每节车都带牵引动力，就都需要配备从变压变流到驱动装置、牵引电机等整套的电气和机械设备，因而总造价成本和维修费用较贵。另外，由于每辆车厢下面都配牵引电机，所以车厢的噪声振动相对要大些。随着科技的进步，单轴牵引功率不断增大，动力分散方式也可将动力车和拖车组成固定的二动一拖、二动二拖或一动二拖等不同的单元，根据需要编组成不同长度的动车组运行。

动力集中和动力分散两种布置形式，各有其优缺点，应根据各国的国情、线路条件和客运要求采取不同的布置形式。当速度高于 300 千米/时时，由于动力车轮轨间黏着摩擦力不足，需要增加动轴，必须采用动力分散式的高速列车了。

（3）用高新技术铸成的交流传动系统

蒸汽机车是以煤烧水成蒸汽作为动力，依靠活塞和气缸的机械传动系统驱动车轮运行。内燃机车是用内燃机发电通过牵引电动机，再带动车轮运行。电力机车则依靠外部电源供给牵引电动机，带动车轮运行。因此内燃机车和电力机车都采用电动机传动系统。内燃机车也曾采用过液力传动，因牵引动力功率的限制，现已不再发展。

我们知道，电源可分为直流电和交流电两种，电动机也有直流电机和交流电机的区别。20 世纪初最早的电力机车和城市电车都是采用直流电源和直流牵引电动机。现在的电力机车都改为采用高压交流电源，可减小电流传输中的损失，而牵引电动机则多采用直流电机或脉流电机。这种传动系统叫做交—直流电传动系统。1989 年以前的高速列车，如日本的 0 系、100 系、200 系、400 系，法国的 TGV—PSE，还都采用交—直流电传动系统。

交—直流电传动系统是从电网上获取高压交流电，通过变压器降压，再通过整流器将交流电变成直流电传给直流牵引电机。交—直流传动系统的最大优点是直流牵引电机控制速度非常方便，只要用一个可变电阻控制电机电压即可控制速度，这称为电阻调速控制。其主要缺点是机车功率因素（电气装置有效功率与总的名义功率之比值，称为功率因数）较低，不能充分发挥变压器的容量，传动功率和传动效率较低。如果列车要求最高速度 250 千米/时或 300 千米/时，直流牵引电机因为有整流子，并通过碳刷机械接触传导电流，而且高速下直流电机整流子及碳刷极易发生故障，维修工作量也大大增加。功率较大时带整流子的直流电机因体积和重量都很庞大，在动力车下面难以安装。此外，系统中会产生频率很高而变化无规则的电流电波（称作高次谐波），对电网供电质量产生影响，对沿线通信线路产生干扰；直流牵引电机的地线通过钢轨接地，会对地下的金属管道产生电腐蚀作用。

但交流牵引电动机应用的最大难点是必须改变电机电源的频率及电压幅值才能控制速度。20 世纪 70 年代后期，随着电力电子技术的发展，大功率电子半导体器件的出现，在微电子技术和自动控制技术基础上，制成了体积小、功率大、效率高的变频调速逆变器（VVVF）。这些高新技术的发展使交流牵引电机能在高速动力车或电力机车中得到应用。这种新的传动系统叫做交—直—交流电传动系统。它的工作原理是将电网上的高压交流电，通过变压器降压并通过整流器整流转换成直流电，再经过 VVVF 变频调速逆变器将直流电转换成可调压调频的交流电，输入三相异步（或同步）牵引电动机，带动车轮运行。

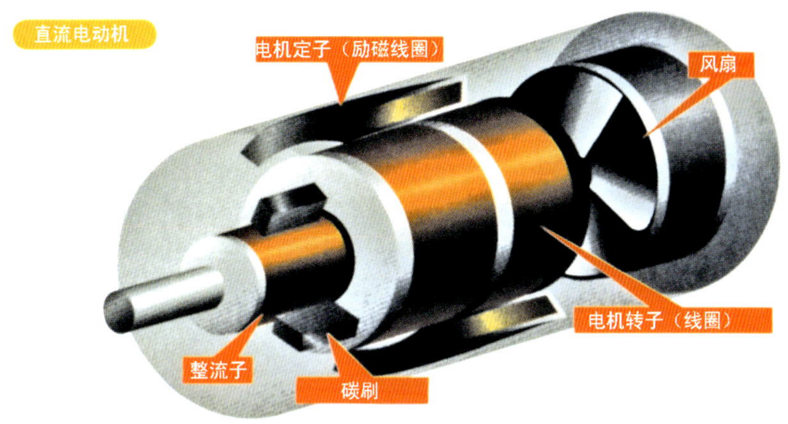

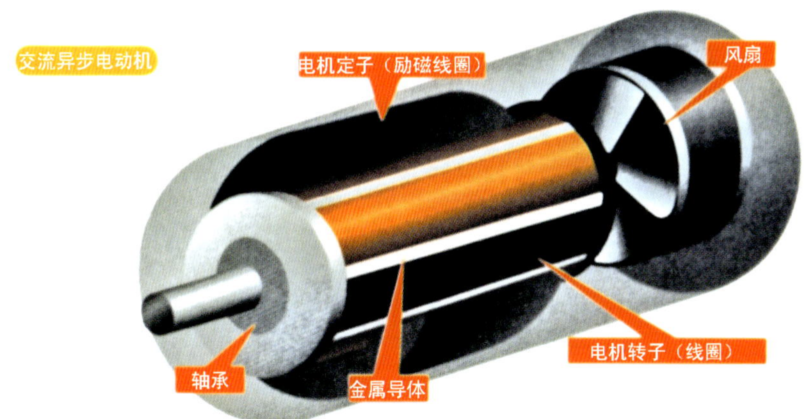

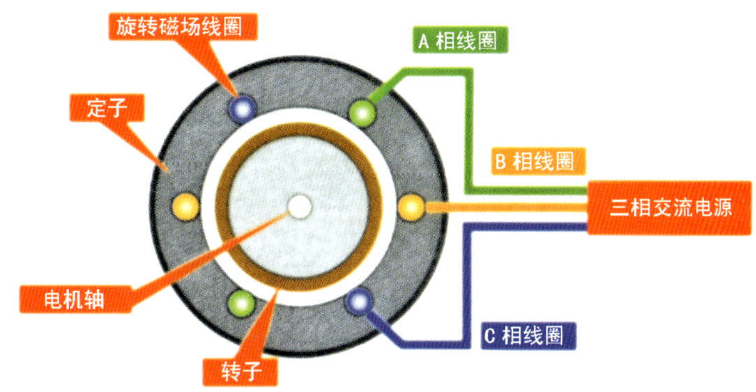

直流电机和交流电机的内部构造

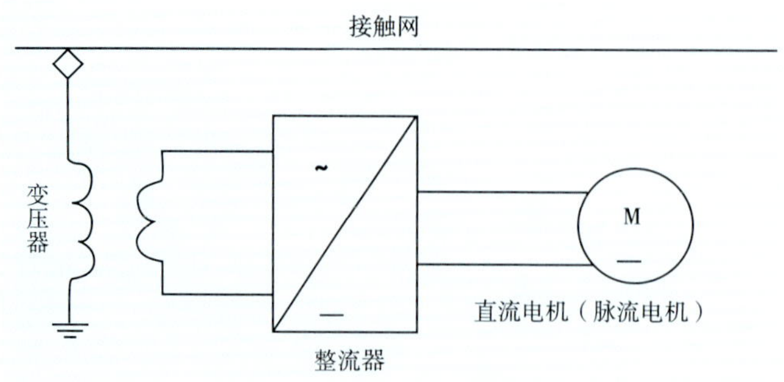

交—直流电传动系统原理示意图

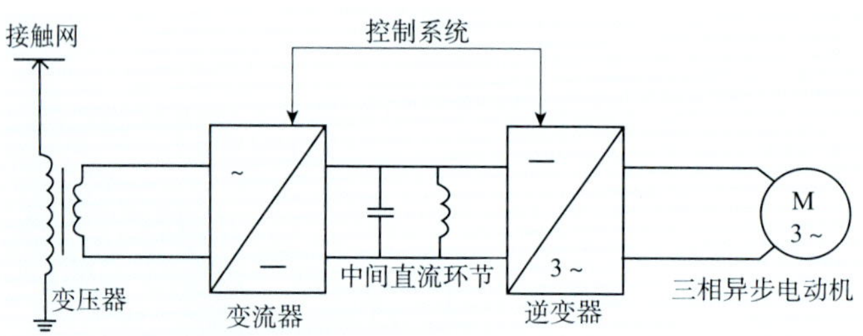

交—直—交流电传动系统原理示意图

VVVF 逆变器的工作原理就像两组切换开关，将直流电源通过两组切换开关的交替接通，并改变开关动作频率及时间，即可得到变频变幅的交流电源，输入交流牵引电机，以控制所需要的速度。

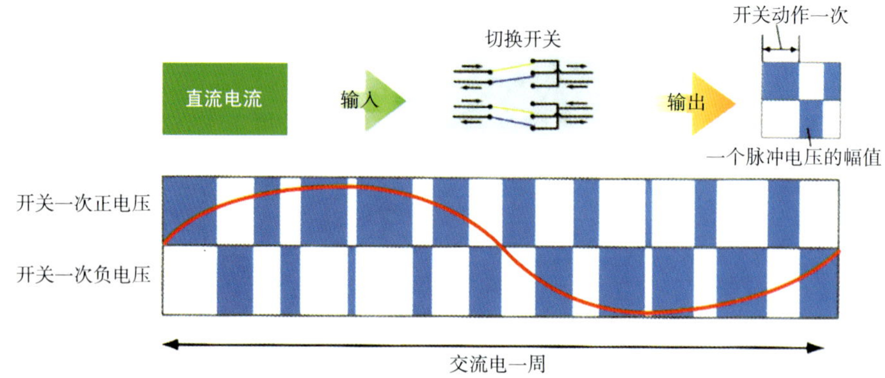

VVVF 逆变器工作原理

直流电通过由半导体元件组成的切换开关，使一次开通为正电压，下一次开通为负电压，交替进行，每开通一次的脉冲电压幅值被精确控制，最后输出的是一个交流电压。

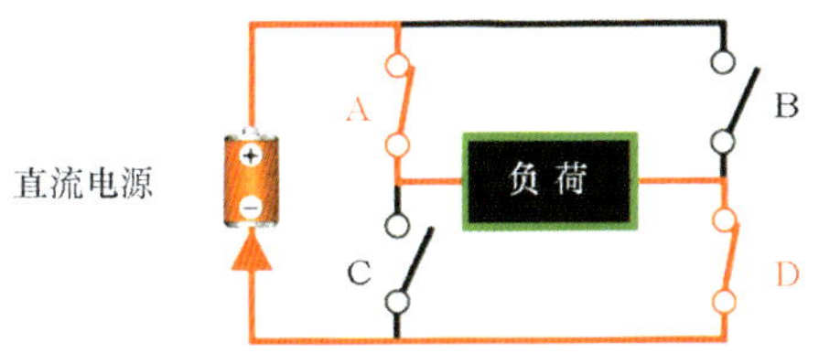

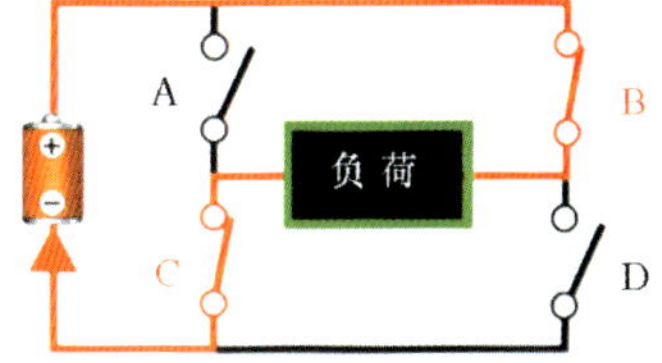

逆变器的控制

逆变器的切换开关就像图中的 A、D 与 B、C 两组开关交替接通，负荷上就通过了交流电流

交—直—交流电传动系统的优越性非常显著，目前已在世界上所有新研制的高速动车组和大功率电力机车上广泛应用。其主要优点有：①起动牵引力较大，在保持一定功率情况下调节速度的范围较宽，有良好的轮轨间摩擦力（黏着力）利用特性和自动防车轮空转的性能。②三相异步交流电机，同样功率下的体积、重量比直流电机要小得多，而且没有接触摩擦部件，故障少，维修简单，有利于列车高速运行。③动力车的功率因数接近于 1.0（交—直流传动系统为 0.85），高次谐波电流小，减轻了电网用电质量的污染和对通信系统的干扰。④在动力车实施再生制动时，可使交流电返回电网，节省能源。

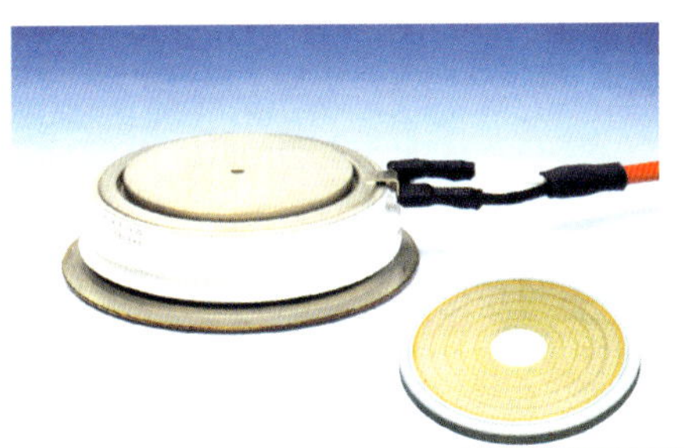

交—直—交流电传动系统中逆变器的核心部件 GTO 硅片元件及 GTO 逆变器

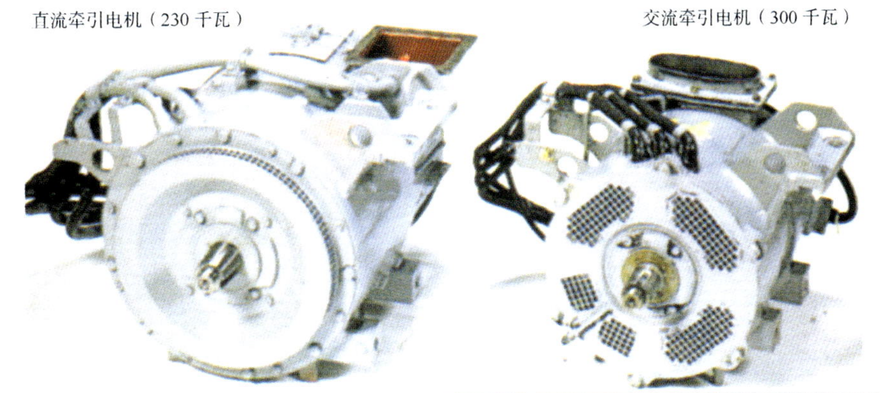

交流牵引电机（300 千瓦）与直流牵引电机（230 千瓦）外形比较，交流牵引电机重量轻 1/2

4.3 高速走行部系统——转向架

(1) 什么叫"转向架"

铁路机车车辆的走行部分，称为转向架。为什么称之为"转向架"？铁路车辆没有方向盘，靠固定轨距的两根钢轨导向，列车的车轮是带有轮缘的，一根轴上的两个车轮的轮距与轨距是匹配的，使列车能沿着钢轨铺设的方向行驶。当比较长（约为25米）的车厢要通过

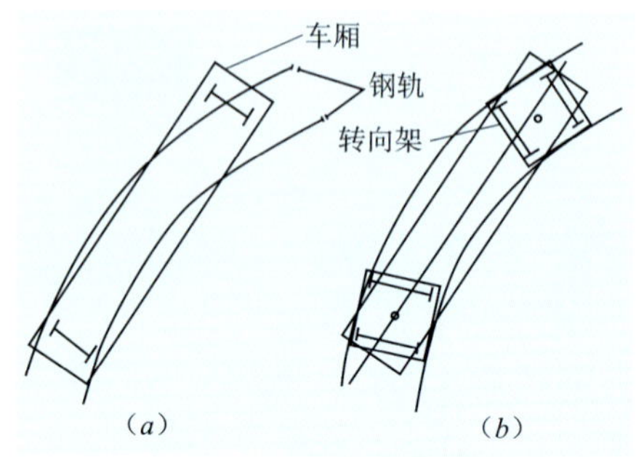

车厢通过曲线示意图

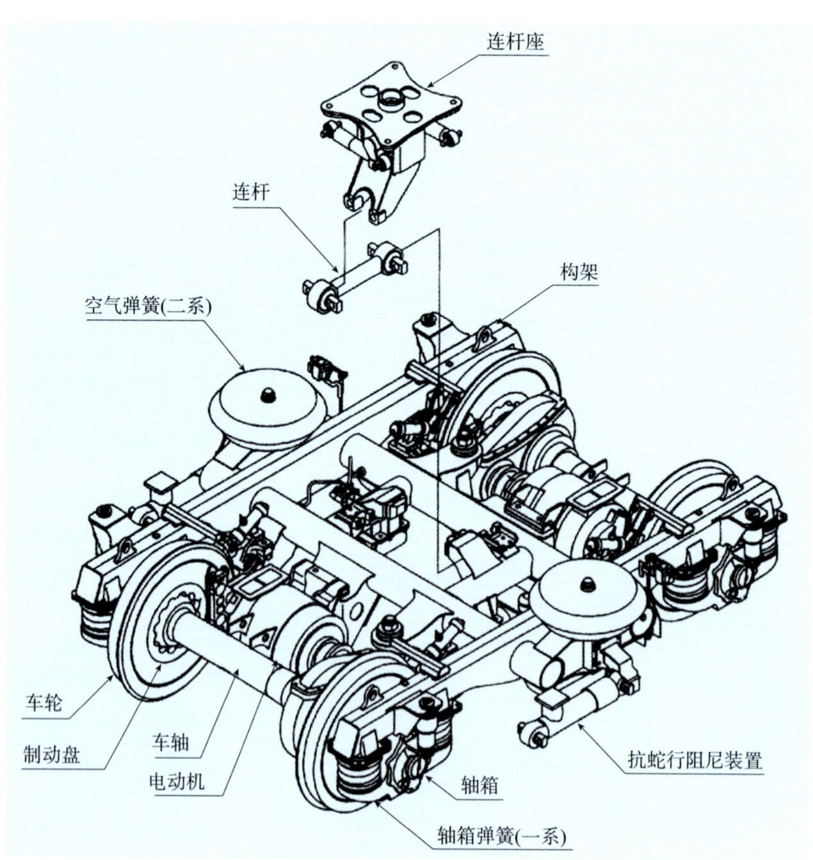

转向架示意图

一段半径较小的曲线时，如果车轮轮对像汽车那样直接安装在车厢底部，那车轮轮对就很难通过这段曲线。现在的车厢两头是放在两个能自由转向的小车上，这个小车的两个轮对相距很近，能够很方便地通过半径比较小的曲线。车厢通过两个支点支承在这两个转向小车上，这个小车的学名就叫“转向架”。

转向架由轮对、轴箱、一系轴箱减振弹簧、二系空气减振弹簧、刹车装置、构架等组成。电力机车或动力车的转向架上还有驱动装置。车体重量通过中央二系空气弹簧传给转向架构架，构架再通过一系轴箱弹簧与轴箱连接，轴箱通过滚动轴承与轮对连接。在轴箱弹簧以下的全部质量都称为簧下质量。

转向架的主要作用有：

① 保证车辆能安全地通过各种曲线。

② 支承车厢的全部重量。

③ 在直线区段运行时，抑制车厢横向的来回摆动，保证车厢安全。

④ 通过两层弹簧系统的减振和吸振作用，保证车厢运行平稳和旅客舒适。

⑤ 通过安装在转向架上的刹车装置实现车辆的制动。

⑥ 对于动力车辆，牵引电机通过安置在转向架上的齿轮传动装置，带动轮对和车辆运行。

由此可见，对转向架设计和制造的要求，与高速列车运行速度密切关联。目前常速车辆所用的转向架是不能适用于高速铁路的。可以说，提高列车运行速度的关键是研制性能良好、能满足高速运行的转向架。

（2）转向架保证高速运行不脱轨、不失稳的办法

为了保证车辆在轨道上安全运行，车轮与钢轨接触的表面（称为踏面）的几何形状和钢轨轨头的几何形状都是特殊设计的。列车的轮对在钢轨头上运行时的轨迹，像蛇前进时留下的轨迹一样，扭曲前进，称为蛇行运动。当列车的速度增大，引起车辆的蛇行运动即横向摆动的振幅会越来越大。如果不能抑制，车辆就会失稳，严重时可能导致脱轨倾

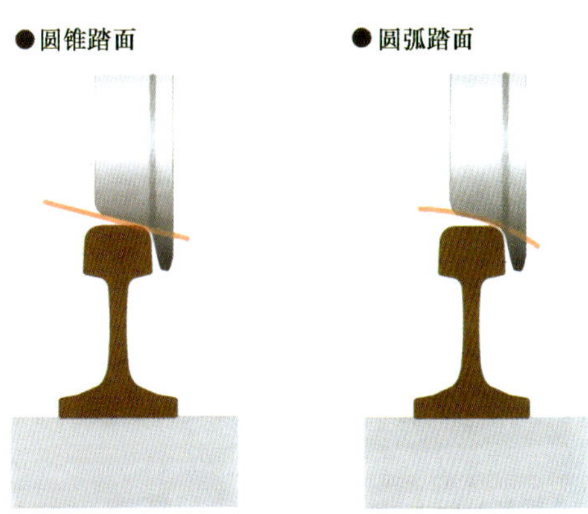

车轮踏面的种类

初期的高速列车都采用圆锥形踏面形状，随着转向架技术发展，为了运行安全和减少车轮的磨耗，现在大部分高速列车均采用由几段不同半径的圆弧曲线构成的圆弧形踏面形状，称为磨耗型踏面。

覆。改善车辆运行的横向稳定性，除轨道结构的状态要保持良好外，关键在于转向架的构造设计和制造工艺。例如，合理的踏面形状和斜度（如采用磨耗型踏面）、合理的牵引电机、悬挂方式及驱动机构、固定轴箱弹簧位置的结构形式与最适宜的弹簧横向和纵向定位刚度等，以便减小轮轨间的横向作用力，减缓簧下质量振动对车体的影响。此外，还采用增加转向架和车厢之间回转时的阻尼力，增设能抑止蛇行运动的减振器等保证高速运行时的稳定性。

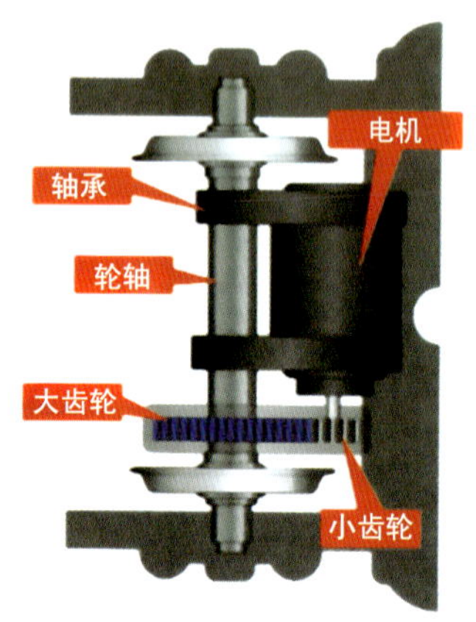

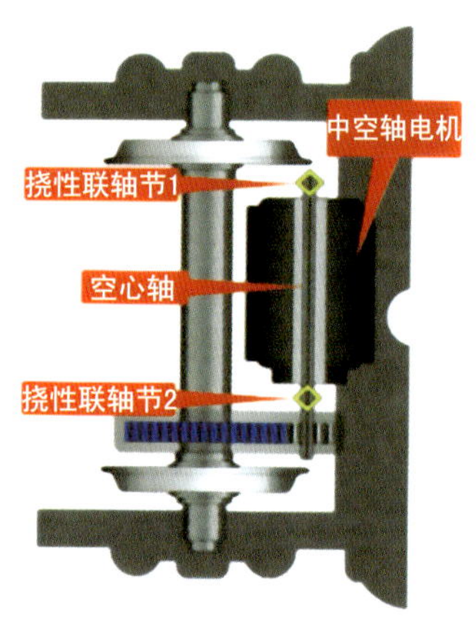

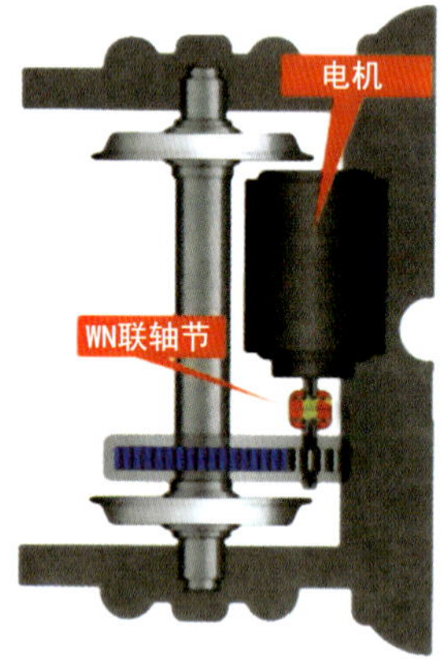

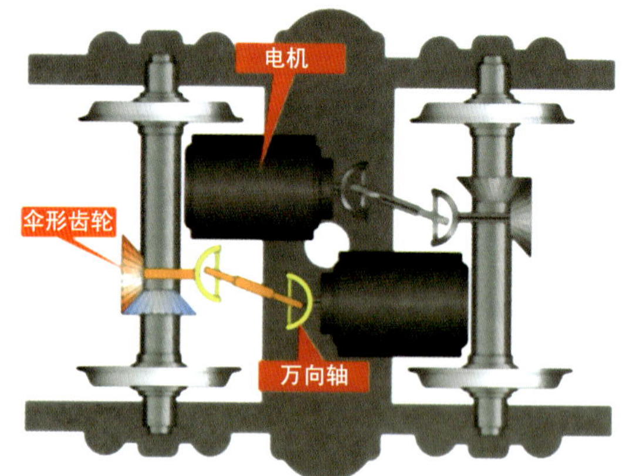

动力车转向架上的牵引电机悬挂方式及驱动装置

（3）转向架保证高速行驶时平稳、舒适的办法

保持车厢高速行驶时的平稳性，就是保证了旅客的舒适感。当然，车厢行驶时是否平稳和钢轨的状态好坏有关，但更与车辆的状态好坏直接有关。正如在高速公路上行驶，坐在高级轿车里和一般卡车里的舒适感有很大差别，因为两种汽车设计时，对乘坐舒适度的要求是不一样的。

一般客车的转向架都安装两层弹簧系统。靠近车轮轴箱的那层轴箱弹簧称为一系弹簧，一般采用橡胶弹簧与钢弹簧组合系统，另外加上油压阻尼减振器。一系弹簧的柔软性以它的静挠度达到车辆总挠度的20%～30%为宜。另外转向架与车厢体连接部位的那层中央弹簧系统叫二系弹簧，一般采用更柔软的弹簧，它的静挠度宜占车辆总挠度的70%～80%。在二系弹簧处，相应地还安装垂直方向与水平方向的油压阻尼减振器，吸收振动的能量。在两层弹簧系统的作用下，车辆无论在直线或在曲线上运行时，都能保证车厢内旅客的平稳感，使人体感觉很舒适。

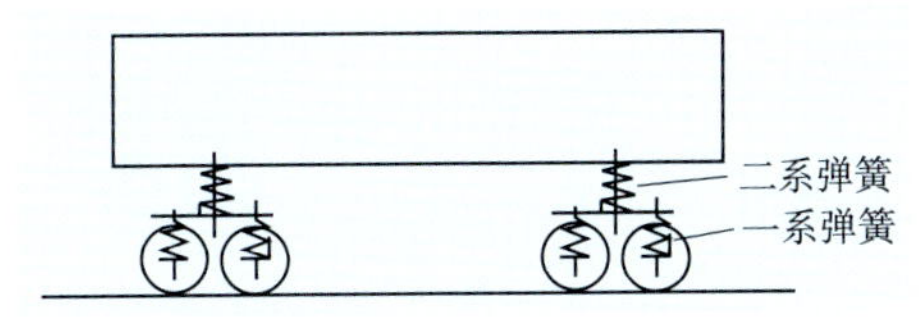

客车转向架两层弹簧系统示意图

在二系弹簧的设计中，传统方法是采用比较柔软的钢弹簧。但是随着列车速度的提高，要求弹簧更加柔软，又要保持能支承车厢的强度，则钢弹簧要做得既粗又高，这样对钢弹簧的安装空间提出更高的要求，但是太高了又怕钢弹簧失稳。

在高速条件下，二系弹簧仍采用较柔软的钢弹簧组合已不能满足要求。人们想起汽车的轮胎是一个非常好的柔软的减振弹簧，于是将汽车轮胎平放在转向架构架上，让车厢坐落在轮胎上，形成一种非线性的弹簧系统。轮胎内气压可随车厢的荷载大小（旅客多少）而调节，形成一种变刚度弹簧，更有利于保证车厢的平稳性，这种新型弹簧叫做“空气弹簧”。

目前空气弹簧已经全面地应用在各国高速列车的转向架结构中，取得了良好的使用效果。

随着高速列车速度的进一步提高，日本、德国等国最近在高速转向架上研制安装了一种称为“半主动阻尼减振器”及“主动阻尼减振器”的新装备。“半主动”是指没有能源的阻尼器，“主动”是指带有能源的阻尼器，他们的作用原理是当车厢的横向振动剧烈时，加速度传感器将信号传给控制装置，使横向半主动或主动阻尼减振器的阻尼力进行实时的和无级的调整，更多地吸收车体与转向架之间的振动能量，主动型吸收振动能量比半主动型更快更多，以保

证乘客的乘坐舒适性。这种阻尼器结构紧凑，维修方便，能将横向振动加速度减少一半以上，效果很好。在日本、德国、法国的350千米/时新型高速列车上都开始采用这种阻尼减振器。

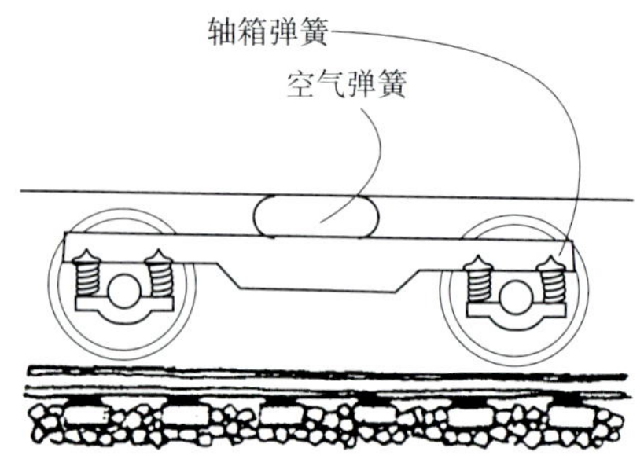

空气弹簧系统

采用空气弹簧和高度控制阀相结合，不管车厢内有多少旅客，车厢底板都能保持同样的高度。当旅客多而车厢载重增大时，空气弹簧挠度增加，高度阀开启，空气弹簧就充气，内压力增加，将空气弹簧顶起来。当达到规定高度时，高度阀关闭，空气弹簧不再充气，保持车厢高度。反之，当旅客减少、载重减轻时，藉高度阀的自动开和关，调节空气弹簧内部的空气压力，这样动态地保证车厢底板平面始终在要求的高度。同样当车厢内旅客偏载时，一侧空气弹簧会增加压力，另一侧减少压力，保持车厢底板水平。

半主动阻尼减振器

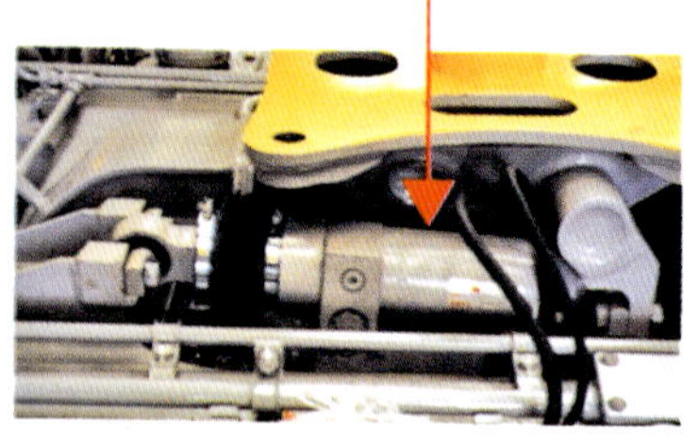

日本500系高速列车转向架上安装半主动阻尼减振器

（4）独立式转向架与铰接式转向架

一般车厢的两端都有一个转向架，车体支承在两个相互独立的转向架上，这种转向架称之为“独立式转向架”，正如我们平时看到的一般客车车厢，都是采用独立式转向架。各个车厢用车钩相互连接成一辆列车，车厢是可以随时摘挂的。

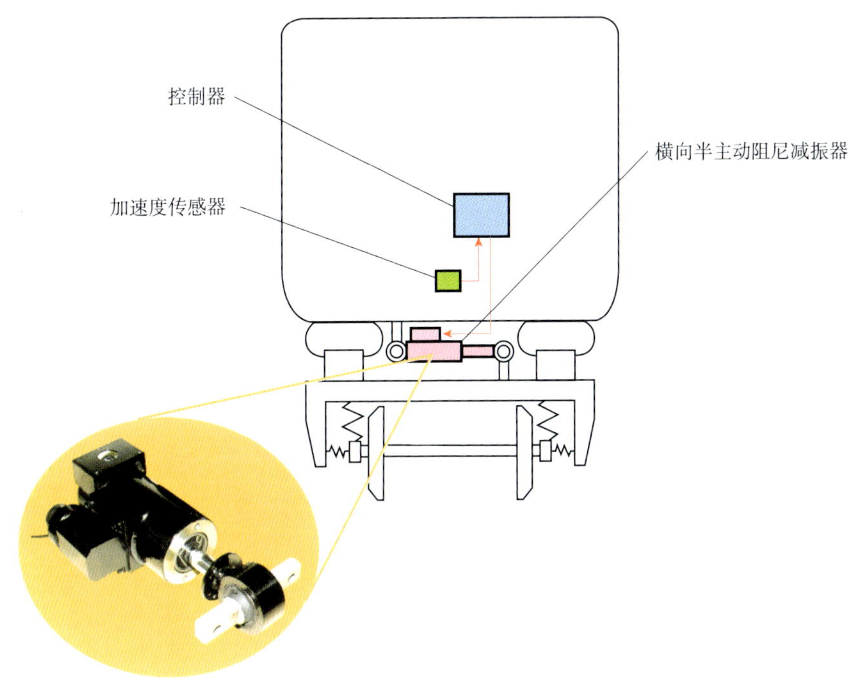

高速列车转向架上安装的半主动阻尼减振器作用原理

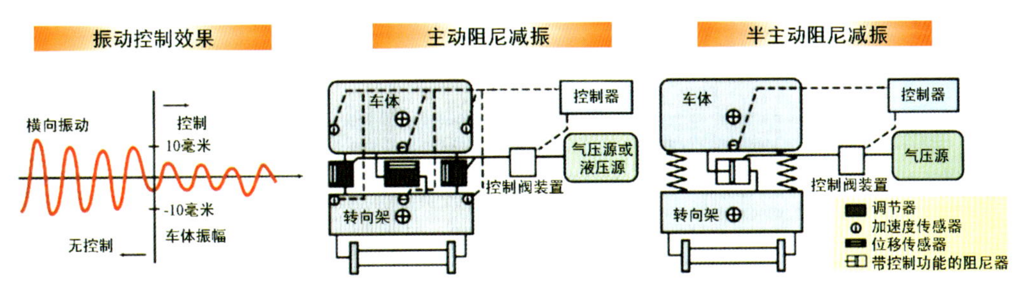

转向架主动阻尼减振与半主动阻尼减振控制原理

随着高速列车技术的发展，法国人提出了一种创造性的设想：将一节车厢的尾端和另一节车厢的头端支承在同一个转向架上，两节车厢用球形铰相连。这种新的转向架叫做铰接式转向架。现在法国所有的TGV高速列车、西班牙的AVE高速列车、韩国的KTX高速列车都采用了铰接式转向架。

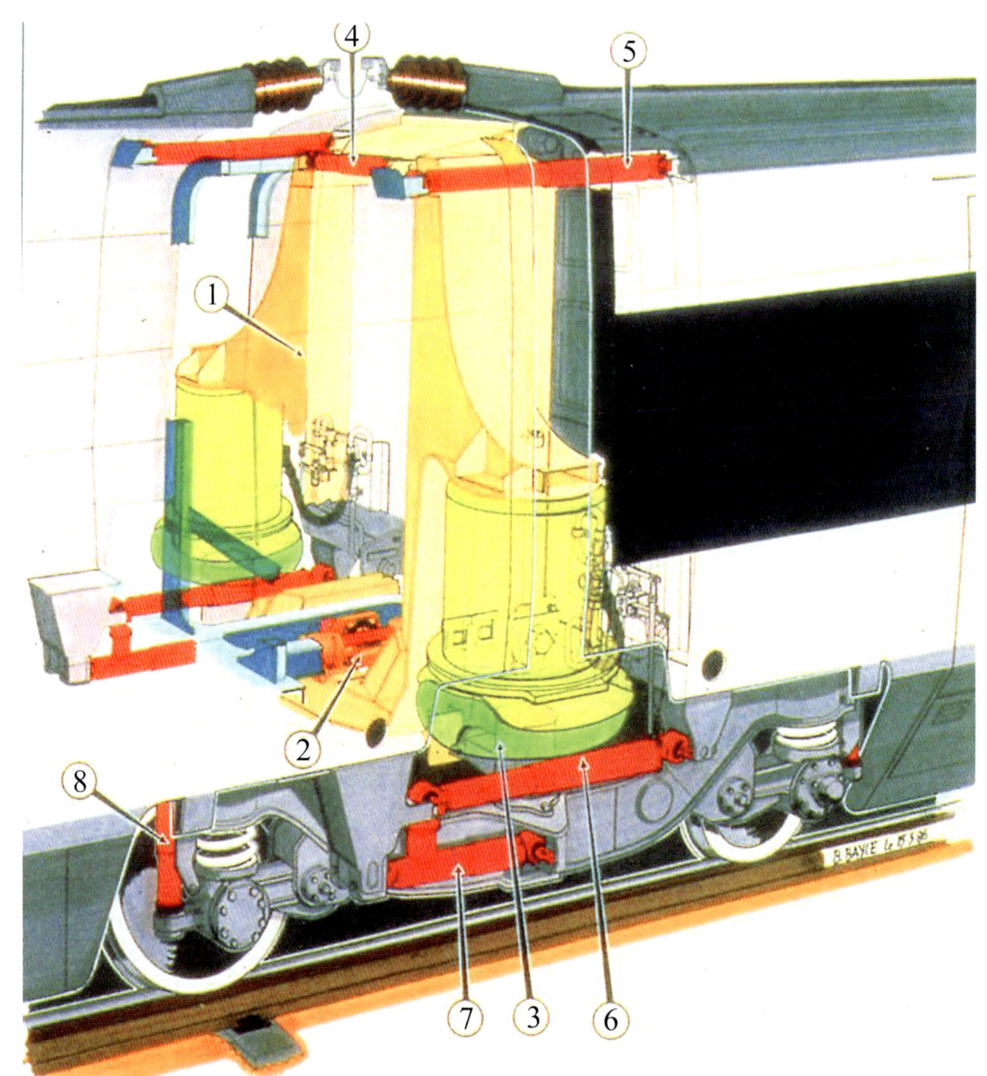

法国高速列车的铰接式转向架

1—车体支承架；2—球铰；3—空气弹簧；4—横向减振器；
5—车间纵向减振器；6—车间纵向减振器；7—抗蛇行减振器；8—轴箱减振器。

铰接式转向架有什么优越性？最明显的优点是铰接式转向架使各节车厢相互之间不是通过车钩相连，而是通过铰接方式连接在一起。这种球形铰结构使所有车厢连成一个整体，可以提高抵抗垂直方向、横向水平方向各种冲击力量的惯量，有很好的运行平稳性与安全性。下面介绍一个非常典型的例子。1992 年法国 TGV—R 高速列车在运行时发生了一次非常危险的事故：高速列车以 300 千米/时的高速行驶，路基突然坍陷，使高速列车全部脱轨。其原因是路基下面是第二次世界大战时遗留下来的一个隐蔽的大炸弹坑，由于长期振动及一场大雨导致事故发生。以这么高的速度脱轨，其危险性真是难以想象。但这列车竟然奇迹般地在道砟上滑走一段距离后停了下来，一节车厢都没有倾覆，所有的旅客都安然无恙。分析这次奇迹的原因，应归功于铰接式转向架的作用，它使整列车连成一个整体，相互制约，从而保证了安全。

铰接式转向架还有其他的优点，如：它离开车厢客室较远，减小了车厢内的噪声；转向架的蛇行运动不易传到车厢，也有利于平稳性的提高。独立式转向架是一个车厢装两个，一列车转向架数是车厢数的 2 倍，采用铰接式转向架的列车则转向架数量是车厢数加 1，有利于减小列车底板下的空气扰动阻力。

当然，这种转向架的不足是结构较复杂，如果要分解、联结两节车厢，就比较费时，只能在车间里进行。另外整列车的平均轴重增大，对线路的动力作用相应也会增大。这些不足随着高速列车技术工艺不断发展，正在逐渐地被克服。

4.4 高速列车的刹车系统

（1）刹车系统是保证列车运行安全的最高等级装备

对于铁路上运行的列车，刹车系统是最重要的技术系统，俗称为列车的心脏系统。为什么这么说呢？有两个原因：一是列车质量非常大，只能沿着钢轨行驶，如果前面停有另一列车，显示红灯，则后行列车不管速度多快，也必须在红灯前停下，否则与前面列车相撞后果不堪设想。列车的编组辆数越多，速度越高，重量惯性越大，行驶时的动量也越大。列车的刹车系统需要非常大的制动功率来吸收这么大的能量，使它在规定的制动距离内被转化、消散掉，而让列车停下来。如果制动功率不足，那么列车刹车时，不能在规定的制动距离内停下来，就会发生安全事故。另一个原因是火车的车轮与钢轨都是钢制的，在刹车过程中，绝对不允许车轮被抱死而在钢轨上打滑。它既要充分利用车轮与钢轨间的滚动摩擦阻力（铁路上称为制动黏着力）来减速，又不能使刹车力太大造成超过滚动摩擦阻力极限而使车轮抱死，造成车轮擦伤形成扁疤，这会导致火车车轮严重打击钢轨，列车就不能再运行。这个过程与汽车刹车不一样，因为汽车轮胎即使被抱死了，还能在公路路面上产生滑动摩擦力而停车。所以，刹车（制动）系统是保证列车运行安全的最重要的系统，尤其对高速列车更是如此。

（2）高速列车用什么办法来刹车

举一个简单的例子：一台高速火车头（称为动力车）重量100吨，仅这一台车要达到300千米/时的速度，必须具备8260千瓦的牵引功率；但当它从300千米/时实行紧急刹车，在短时间内（80秒）吸收的能量将高达347兆焦耳，它的制动功率要比它的牵引功率大5倍多，高达43400千瓦。由此可见，高速列车刹车时要释放出巨大能量，这些能量如变成热量必须由刹车系统在短时间内来吸收、消散。

现有的普通客车速度在120千米/时以下，所以普通客车像自行车的车闸刹车一样都采用车轮闸块刹车方式，用生铁闸块抱住车轮踏面，摩擦后产生制动力将车停住。车轮与闸块摩擦产生的热量消散在空气中。高速列车的刹车系统与普通列车的刹车系统完全不同，高速列车的速度为250~300千米/时，制动功率是与速度的3次方成正比，制动功率要比普通列车高出9~16倍，在极高的制动能量作用下，闸块与车轮摩擦会产生大量的热量，使生铁闸块熔化而丧失制动力，也会使车轮踏面烧红剥落损坏。所以，高速列车上靠普通列车的刹车办法已不能满足要求，改为使用一套全新的**复合式制动系统**。

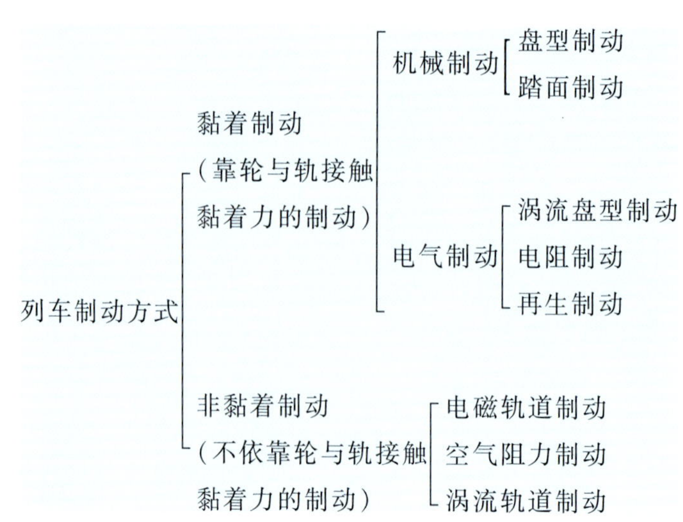

什么叫黏着制动？只要是制动力发生在车轮与钢轨之间的制动方式，都称为**黏着制动**。如闸块抱车轮的摩擦力，转化成车轮与钢轨之间的滚动摩擦阻力即制动黏着力。反之，制动力发生在车轮与钢轨之外，如空气阻力制动、磁轨制动、涡流轨道制动，不受车轮与钢轨之间滚动摩擦阻力的限制，叫**非黏着制动**。

（3）**盘型制动**

盘型制动是高速列车诸多制动方式中最重要的一种。盘型制动的典型结构有两种：一种是制动盘安装在车轴上，另一种是制动盘安装在车轮的两侧面。两者的作用原理是相同的，即制动缸的压力将两块闸片压在制动盘的两摩擦面上，产生摩擦力矩，以代替闸块抱车轮踏面的传统刹车结构。盘型制动最早采用在汽车上，以后逐渐在铁路上得到推广，到了20世纪六七十年代，在高速列车上更被广泛使用。

用盘型制动代替车轮踏面制动，就像自行车上的盘闸代替了闸块刹车，虽然只是结构上的改动，但带来的技术革新含量和制动效果却非常巨大。首先根据需要，每根车轴上可安装2～4个制动盘，以提高制动力，且闸片寿命是闸瓦的数倍，用制动盘代替车轮踏面，就延长了车轮的使用寿命。更重要的是制动盘和闸片这对制动件，其构造和材质可双向选择，使达到最优的制动参数。制动盘的质量要求是热容量要大、散热要快、耐磨性要强。

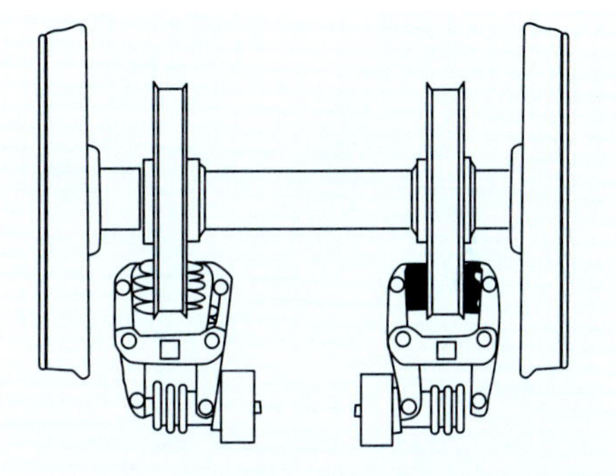

（*a*）轴盘式：制动盘安装在车轴上

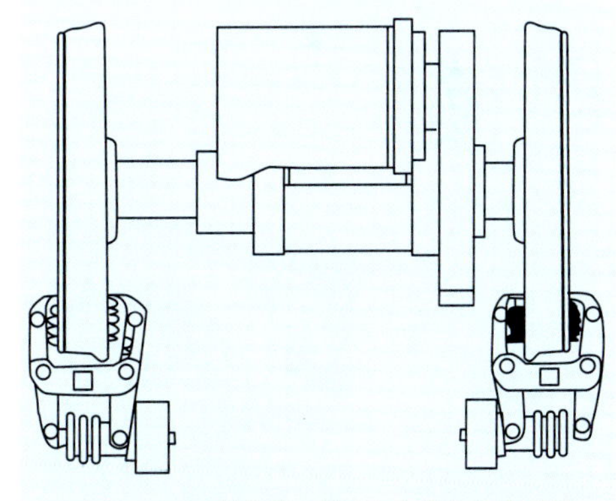

（*b*）轮盘式：制动盘安装在车轮两侧

高速列车上的盘型制动典型结构

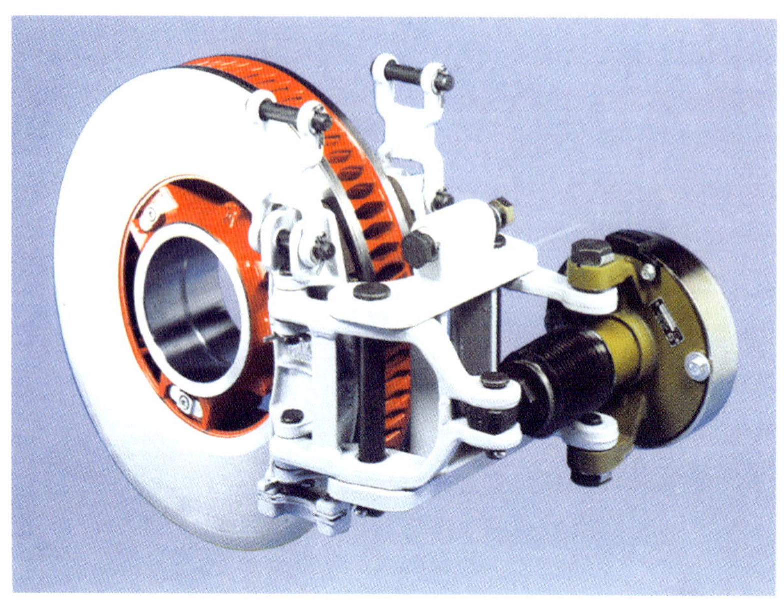

轴上安装的盘型制动单元

在刹车时，制动缸内充满压力空气，推动制动杆使制动杠杆动作，压紧闸片到制动盘面上，产生摩擦制动力矩。

法国 TGV—A 高速列车盘型制动装置

一根轴上有4个盘型制动单元可以产生很高的制动力矩并消散很高的制动能量。

日本500系高速列车盘型制动装置
在车轮轮辐两侧安装制动盘，可以节省车轴中间部分的空间以安置牵引电机及齿轮箱。

各国正在研制各种新型制动材质的制动盘，如铝合金基复合材料盘、碳素纤维复合材料盘等，以减轻重量，并提高热容量。闸片的材质采用合成材料、粉末冶金材料，并正在试验碳素纤维材质等。

（4）黏着电气制动

黏着电气制动有电阻制动、再生制动及涡流盘型制动等三种形式。电阻制动原理就是制动时将牵引电动机转变为发电机状态，将列车运行的动能转变成电能，再将发出的电能在电阻带上变成热量消散掉。电阻制动的优点在于结构简单，在电网断电时，利用列车上的蓄电池作牵引电机励磁电源，电阻制动还能发挥作用，成为安全制动重要方式。缺点是车上必须安装相当数量的制动电阻带以及冷却通风装置，增加了重量。另外，电能不能再利用，在低速范围就没有制动力。

再生制动原理是制动时将牵引电动机转变成发电机状态，然后将电能通过逆变器反馈输回电网内加以利用而达到节能效果。由于电网上供给的是工频交流电，因而只有采用交—直—交流调频调压逆变技术的装备，才能使用再生制动。再生制动的优点是重量轻，产生制动力的速度范围广，可以在接近零速度时仍有制动力，可以节省能源。缺点是控制技术复杂，采用变流技术及大功率电力电子元件等才能达到目的。再生制动技术目前已经成熟，采用交流牵引电机传动装置的高速列车如德国 ICE、ICE350E、日本 700 系、500 系、300 系、E4 系、法国 AGV、瑞典 X2000、意大利 ETR500 等高速列车都已采用再生制动。

涡流盘型制动是一种新型电气制动设备，一般用在拖车上。其原理是当刹车时，给固定在转向架构架上的涡流电磁铁励磁，使其产生较强的磁场，由于安装在车轴上的圆盘在旋转运动，并在涡流磁铁磁场作用下产生局部感应涡流。感应涡流产生的附加磁场与原主磁场相互交链使主磁场产生畸变，产生两个分力，其中的水平分力便产生了涡流制动力，使圆盘上产生制动力。由于这个制动力最终通过车轮与钢轨接触点的黏着摩擦力产生制动作用，仍属黏着制动方式。

日本高速列车采用的涡流盘型制动

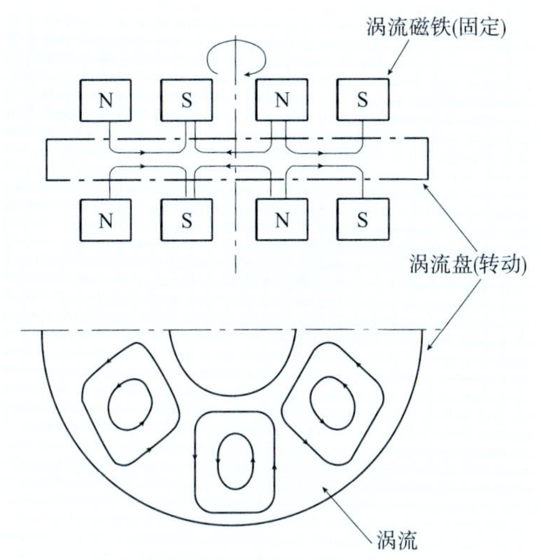

涡流盘型制动原理图

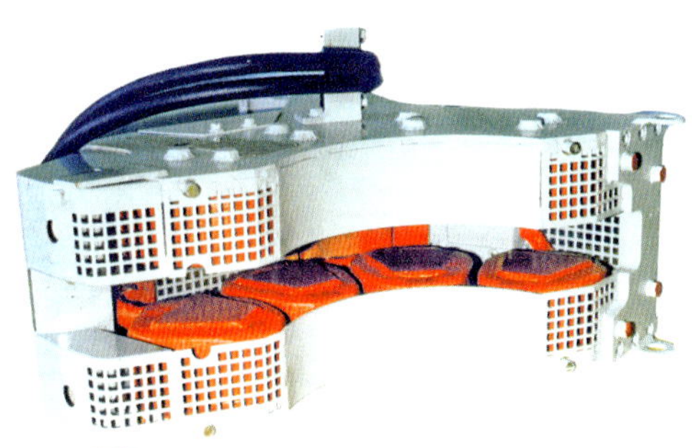

涡流盘型制动的励磁电磁铁

（5）电磁轨道制动

电磁轨道制动是一种非黏着制动方式。典型的电磁轨道制动机的主要部件是装在转向架两个轮对之间的两条电磁铁，它悬吊在4个悬挂风缸上。作用原理是：当发出磁轨制动指令时，两个电磁铁励磁产生磁吸力，同时4个悬挂风缸通过压力空气将磁铁压向钢轨。此时，电磁铁紧紧吸附在钢轨上，磁铁底部的摩擦块与钢轨发生摩擦，产生了制动力。

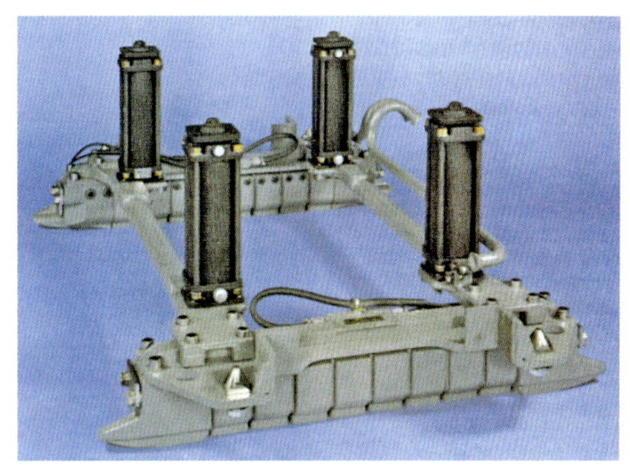

电磁轨道制动整套装置

当列车速度高于300千米/时，若单纯用黏着制动方式，由于高速时制动黏着摩擦力很难达到高值，黏着系数（指黏着摩擦力与车厢重量的比值）只有0.08左右，会造成车轮打滑，无法满足列车安全运行要求。因此，为了获得较短的制动距离，采用磁轨制动是一种可行的方法。在高速制动时，装有磁轨制动机比没有装用时可缩短制动距离25%～30%。磁轨制动已有50多年应用经验，已完全达到实用程度。目前德国、瑞典、意大利、日本等国高速列车的高速转向架上都应用过磁轨制动机。

磁轨制动的优点是：①消耗功率小，每1米电磁铁仅消耗1千瓦功率，电流为6千安，由蓄电池供电即能励磁，在动力车、拖车上均可采用。②使用时对钢轨表面有清扫作用，有利于提高黏着系数。磁轨制动的缺点是：①其作用是基于磁铁摩擦块与钢轨表面摩擦引起的摩擦力，会引起钢轨表面局部过热磨耗，严重时导致钢轨损伤。②制动力不易调整控制。③由于磁轨制动的摩擦力随速度的增加呈下降趋势，速度越高，制动力越弱。④增加转向架的重量，每辆车要增加1.5吨重量。

安装了磁轨制动装置的高速转向架

（6）涡流轨道制动

涡流轨道制动也是一种非黏着制动方式。外形与磁轨制动非常相似，也有两条磁铁安装在转向架两组轮对之间，它也是悬吊在4个悬挂风缸下。但不同处在于它的磁铁的磁极是沿钢轨作多极布置，也就是按N、S极交替布置。制动时，磁场方向是沿着钢轨方向的，并形成多个闭合磁路，而不像磁轨制动的电磁铁形成的磁场方向是与钢轨方向相垂直。磁铁与钢轨间保持较小的距离，一般在7～10毫米，但不接触。当列车制动时，磁铁励磁，对钢轨上某一点而言，磁通方向是交变的，在交变磁场作用下，钢轨内就产生感应涡流。感应涡流所产生的附加磁场与原主磁场相互交链，使原主磁场畸变，产生两个分力，即电磁吸力与阻碍运动的涡流制动力。其原理与涡流盘型制动一样，只是将钢轨代替了涡流盘。

涡流轨道制动具有下列优点：①钢轨与磁铁不接触，无磨耗；②高速时可以得到较大的制动力，在常用制动时也可发挥较大的作用；③制动时具有很好的控制性能。涡流轨道制动的缺点是：①制动时励磁消耗功率较高，每1米长磁铁励磁功率达到22～37千瓦，励磁电流31千安。一旦接触网故障，或紧急制动时由于安全原因不能从接触网取流，则必须用车上蓄电池供电，则蓄电池耗电量太大。②在制动过程中引起钢轨发热严重，钢轨温升还会引起钢轨变形。德国对钢轨温升进行过试验研究，在新线上列车以120千米/时的速度，每10分钟在规定的地点制动，第20次制动后钢轨平均温升达11摄氏度。③速度低于50千米/时，涡流轨道制动机的制动分力迅速减小，导致不能再工作，通常加以切断。④涡流轨道制动机对信号设备尚有一定的影响。这些问题最近已得到较好的解决。法国、德国都认为钢轨发热、对信号系统设备影响等问题已经用一定办法得到解决，在300千米/时以上的高速列车上建议采用涡流轨道制动。

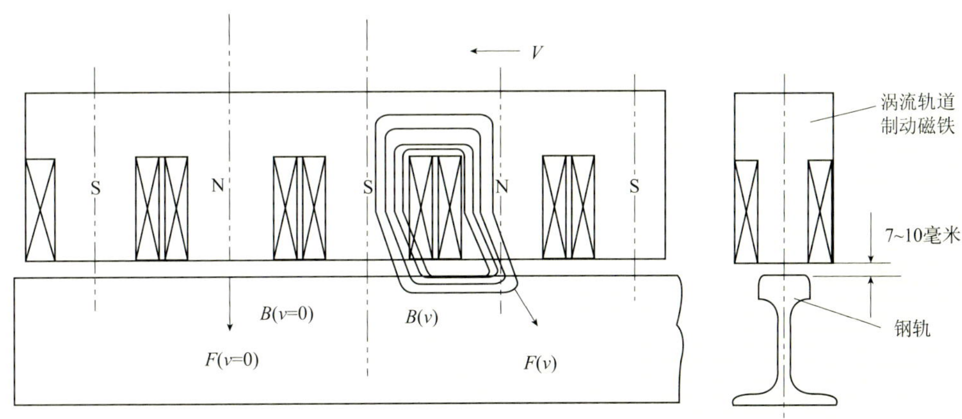

涡流轨道制动的原理图

(7) 空气阻力制动

列车空气阻力随速度的平方成正比增长，所以在牵引状态下，希望高速列车的空气阻力越低越好，以便节省牵引能耗。但在制动工况下，空气阻力就是有利的，它是一种非黏着制动力。大家在飞机降落时都能从舷窗里看到，飞机翅膀上的空气阻力板会竖起来，使飞机在跑道上迅速停下来。现在空气阻力制动已应用到高速列车上。日本2006年已试验成功Fastech 360新型高速列车，现已定型为E5系，其中一个主要的技术创新点是采用空气阻力板制动。当紧急制动时，车厢顶部两侧的空气阻力板就会弹出，但不超出高速列车轮廓限界范围，在高速空气阻力下列车获得非黏着制动力。试验表明，日本 Fastech 360 型高速列车采用了空气阻力制动，在 360 千米/时高速下的紧急制动距离已与不采用空气阻力制动的高速列车在 320 千米/时速度下的紧急制动距离一样。

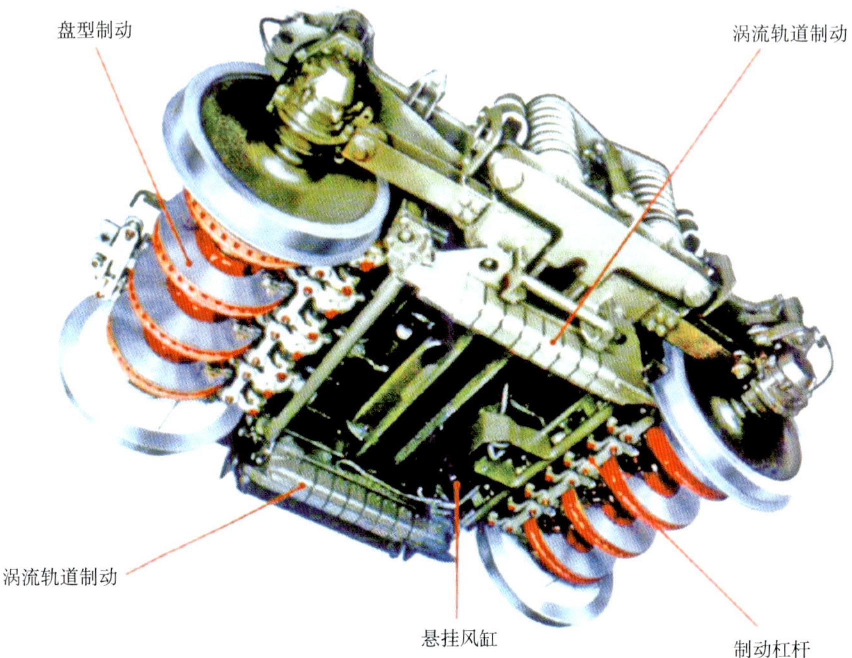

安装涡流轨道制动的德国 ICE—3 型高速列车转向架

采用空气阻力板制动的日本 E5 系（Fastech 360 型）高速列车

(8) 微机控制的复合式制动

所谓复合式制动系统，它是将各种黏着制动和非黏着制动有机地结合在一起，发挥各种制动方式的特点，达到最大的制动功率，以保证高速列车在要求的制动距离内停车。

各国高速列车采用的复合制动方式不完全相同，如法国 TGV—A 高速列车采用了盘型制动＋电阻制动＋踏面清扫制动；德国 ICE—1 高速列车采用了盘型制动＋再生制动＋磁轨制动；日本 300 系高速列车采用了盘型制动＋再生制动＋涡流盘型制动，德国 ICE—3 高速列车采用了盘型制动＋再生制动＋涡流轨道制动等等。

为了将高速列车这些制动方式有机地统一起来，组成一个复合有效的制动系统，现在各国高速列车几乎都采用了微机控制系统对其进行控制，以达到最佳匹配、发挥最大制动功率、经济合理、安全可靠的目的。

高速列车复合制动微机控制装置外形

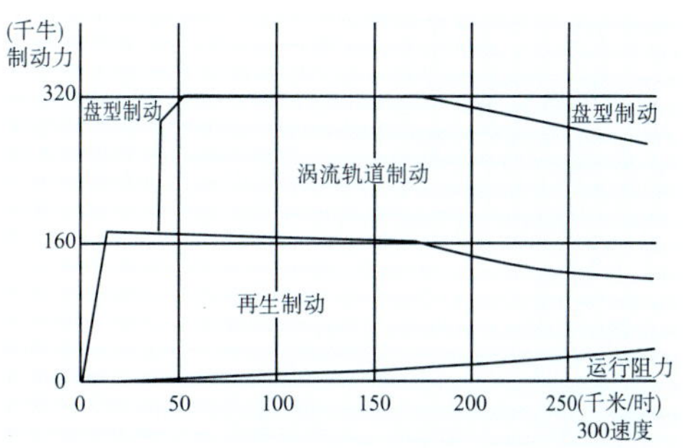

德国 ICE—3 高速列车复合制动力的分配

由于采用了微机控制，使在全部速度范围内保持了恒定的制动减速度（即恒定的制动力），其中有一半制动功率是依靠电气制动及列车运行阻力实现的，涡流轨道制动（非黏着制动）也发挥了主要的作用。同时，尽管电气制动与涡流轨道制动已发挥了很高的制动功率，但绝对离不开盘型制动，它可以在各种速度情况下补充制动力的不足，尤其在低速制动阶段，发挥了突出的作用。况且当接触网故障而失去电力供应时，盘型制动还必须保证能够独立地将高速列车在规定制动距离内停下来。

4.5 高速列车流线型轻量化车体技术

(1) 用流线型的车头及车身减少空气阻力

火车跑得越快，受到的机械阻力和空气阻力就越大。试验表明，列车的机械阻力与列车的速度成线性关系，而列车的空气阻力与列车速度成平方关系。因此，列车的速度越快，空气阻力在总阻力中所占的比例将急剧升高。当车速为 250 千米/时，空气阻力将占列车总阻力的 90% 以上。可以看出，空气阻力成为高速列车提高速度的主要限制因素，也就是说高速列车的牵引力绝大部分是为了克服空气阻力。

如何降低高速列车的空气阻力呢？我们很自然地就会想到飞机流线型的作用。高速列车速度范围已在飞机低速飞行的范围，因此，高速列车的空气动力学特性与飞机有许多方面是相似的。当然，飞机是在空气中自由翱翔，而高速列车是在地面上飞驰，还有一定的区别。

高速列车的空气阻力包括列车头、尾部的压差阻力，列车侧表面的摩擦阻力和列车车体其他各部位结构与空气接触而引起的干扰气动阻力。因而整列高速列车的车体各部位外形设计都要考虑如何减小上述的各种空气阻力。一般采用一定比例的列车模型在风洞中进行模拟试验，以确定各种列车外形在高速下的空气阻力的大小。这与飞机在风洞中作试验是同一原理。

高速列车车体模型风洞试验

高速列车受电弓的风洞试验

高速列车运行时，车头迎风受到正压力，而尾部由于涡流产生负压力。由此形成压差产生的空气阻力叫做**压差阻力**。在非高速运行的情况下，压差阻力并不占重要地位，因此普通机车的形状基本上是平头，一般叫做**钝形车头**。但随着运行速度的提高，压差阻力也随之增大，必须注意在高速列车外形设计时减少这部分阻力。高速飞机的外形设计采用了流线型，头部很像大型鱼头。空气围绕流线型物体移动时，像鱼在水中游动，就会引起很小的压差阻力。高速列车的车头外形都设计成流线型，以减少空气阻力。根据高速列车头、尾部流线型的程度不同，其压差阻力约占列车总空气阻力的7% ~14% 。

日本700系高速列车鸭嘴形车头

日本500系高速列车大尖嘴鲨鱼形车头

法国 TGV—PBKA 塔利斯高速列车双曲面斜楔流线形车头

德国 ICE—3 高速列车海豚形车头

高速列车头部设计成流线型，还可保证高速列车进入隧道时减少阻力。列车进入隧道时，车头会受到突然的正面脉冲压力，流线型的车头则可减小这种脉冲压力。此外，两列火车对面急驶而过时，也会相互引起侧向的脉冲压力。这种脉冲压力的大小也和车头的外形有关，流线型车头可减小这种脉冲压力。流线型车体产生的空气噪声也将相应减小。

(2) 平滑的车厢外形降低表面摩擦阻力

高速列车的表面摩擦阻力在列车的总空气阻力中占有较大的比例。列车的长度与它的高度或宽度比较，一般前者为后者的 50 ~ 100 倍，甚至更大，因此列车与空气“浸润”面积远大于其横截面积，产生较大的表面摩擦阻力。国外曾对各种高速列车的表面摩擦阻力进行系统研究，结果表明，不同的车体外形设计，其表面摩擦阻力可分别占列车总空气阻力的 26% ~55% 。在常速下行驶的列车车体，其侧面门窗、扶手和上下车的踏步都裸露且凹凸不平，两车厢间的风挡也是缩在侧墙里面，车厢下的轮对和悬挂的机具也都裸露在空气中。显然，这样的车体在行驶时，必然产生很大的侧摩擦阻力。要减小空气侧摩擦阻力，必须使车体的表面尽可能地光滑。因此，高速列车尽量将车体的顶部、侧墙和裙板都要保持平顺光滑，取消一切凸出或凹下的部件，如扶手、窗框等。车窗与侧墙需保持平齐。汽车高速行驶时，要把车窗全关好也是这个道理。

高速列车的顶部、侧墙、裙板保持平顺光滑

（3）降低**干扰气动阻力**

干扰气动阻力是高速列车的总空气阻力中的第三部分。列车车厢底部安装有转向架和许多布置较零乱的悬挂器具。列车在轨道上行驶时，车厢与地面之间有一层空气，将与列车底部转向架和悬挂体之间产生干扰气动阻力。此外，高速列车的顶部必然有凸出的受电弓和基座。受电弓从接触网上获取电能，将电能送到车内的变压器、整流器等电气设备里，同时受电弓也与空气产生干扰阻力。我们知道飞机底部也有起落架，为消除高速飞行时起落架的干扰阻力，现代超音速飞机的起落架在起飞后立即收缩到飞机机体内，保持机体的平滑。高速列车的情况比飞机更复杂。

如何降低这些干扰阻力呢？唯一的办法是将这些零乱的悬挂部件都用一个叫做"导流罩"的外罩封闭起来，使列车的上下部都能达到流线型化。最好将转向架部分在不妨碍车轮旋转的条件下也加上外罩，这样就能大大减少干扰空气阻力，使高速列车的整个空气阻力有效地下降。

举例说，德国ICE型高速列车进行了一次试验，在同一列ICE高速列车上分3种情况试验。第一种情况是列车底部不加任何流线型导流罩，让悬挂部件都外露在列车底部；第二种情况是下部的悬挂部件全用导流罩封闭起来，但转向架部分外露；第三种情况是列车下部设备全部流线型化，包括转向架也用外罩罩起来。在相同的速度下试验，得出如下的结论：第一种情况，底部干扰阻力占全部空气阻力的58%；第二种情况，底部干扰阻力下降为44%；第三种情况，底部干扰阻力只占24%。由此可见，列车底部的流线型化起了明显的作用。

受电弓及其底座引起的空气阻力，根据试验结果约占全部空气阻力的4%～9%。降低受电弓空气阻力的有效办法是在受电弓及基座附近的车顶上安装受电弓的导流罩，让空气绕导流罩流动，不直接冲击受电弓。这种办法可以收到较好的效果。

高速列车受电弓的导流罩

（4）提高强侧风下的稳定性

上面谈到的 3 种空气阻力，是指迎风行驶的一般情况下高速列车可能受到的空气阻力。如果列车行驶遇到强侧向风时，侧向力和侧翻力矩都将急剧增长。有关研究表明，当速度为 300 千米/时的高速列车遇到左右偏 10 度的强逆风，风速为 52 千米/时（7 级风）时，即使在平直轨道上，列车所受空气阻力也会增大 50%。当然，此时侧翻力矩也大大增加。

由于强侧风下列车的空气动力特性与列车外形有关，所以很多国家在高速列车流线型设计中充分考虑到这一因素，采取了一系列优化设计方法。主要有：车体侧面设计成平坦、渐缩，以降低升力；车顶部稍圆，以降低侧力；顶部与车体侧面拐弯处完全修圆，以降低侧翻力矩。采用上述方法设计成的圆形车体断面，具有良好的强侧风稳定性。试验结果表明，降低强侧风影响的最有效方法是在铁路旁迎风一侧修建挡风墙。在一堵可防护列车一半高度的挡风墙后面，不稳定力可降为无挡风墙时的 1/3 或更少。

（5）高速列车轻量化

高速列车轻量化有两种涵义：一是列车越轻，越能节省能源，减小牵引功率；二是列车越轻，越能减少对铁路钢轨、路基等的动力作用，减轻对线路的损伤。

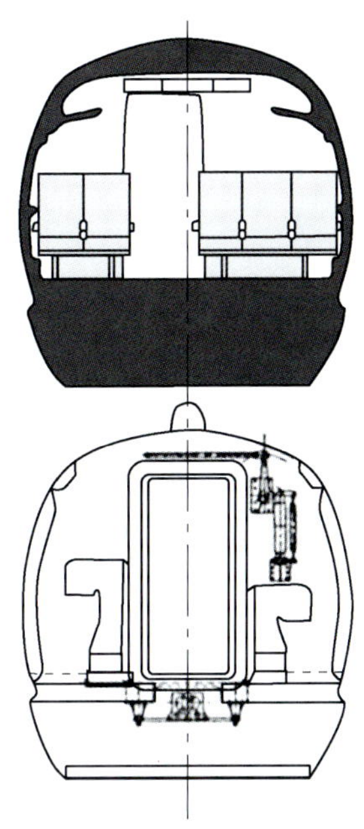

高速列车圆形车体断面具有良好的侧向稳定性

第一种涵义是非常清楚的。计算和试验均表明，当高速列车的速度为 300 千米/时，一列车的自身重量增加 100 吨（相当于半节火车头重量），牵引功率必须增加 1 700 千瓦，即要 6 台 300 千瓦的大电机才能发出这么多的功率。可想而知，对高速列车而言，轻量化是多么的重要！第二种涵义表明列车越重，轴重和簧下死重量越大，则对线路的破坏越大。所以减轻轮重，减轻簧下的死重量对减轻轨道的破坏具有决定性意义。试验还表明，车辆轻量化后对提高蛇行运动稳定性也是很有效的。

如何达到列车的轻量化呢？首先应采用新材料、新结构，减轻车体自重。

实现车辆轻型化，往往是先从车体轻型化开始的。从轻型化的角度要求材料的比强度与比刚度均要大，比强度大即同样的强度，其质量轻；比刚度大，即同样的刚度其重量更轻。高速列车的车体主要采用铝合金和不锈钢，如日本300系、500系、700系，法国TGV—2N，德国ICE—1、ICE—2、ICE—3等高速列车车体均为铝合金。各国研制的高速列车的车头还采用了部分玻璃钢代替钢结构。一般地说，采用铝合金代替钢材制造车体结构，可减轻车体重量1/2，技术已比较成熟。而铝合金除了轻质耐腐蚀的特点外，另一个重要特点是易于对复杂断面形状部件进行挤压成型加工，由于断面形状的复杂化而可以有效增加部件的刚性。日本700系高速列车采用了铝合金空心挤压型材代替了纵梁与横梁骨架，日本500系高速列车采用了铝合金蜂窝板代替了型材，使轴重下降到11吨左右。

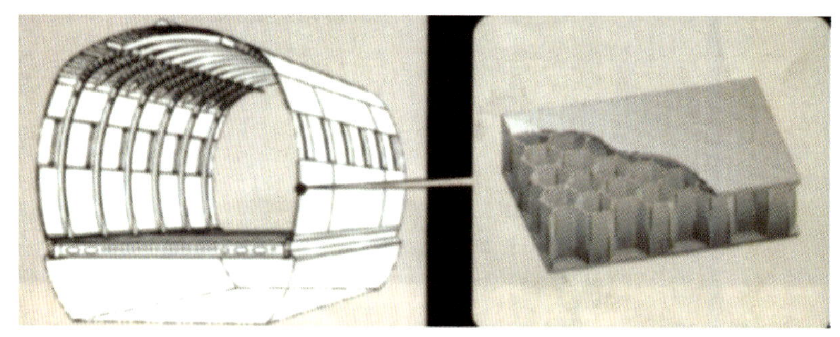

高速列车轻量化的车体结构

除铝合金和不锈钢车体外，新型玻璃钢车体有很大的应用前景。玻璃钢是高分子复合材料，它是以纤维来增强高分子树脂，其比强度、比刚度都比钢及铝合金高，特别引人注目。玻璃钢除了可制作形状复杂、外形美观的车头流线型部件外，还可由耐水胶合板、玻璃钢及铝板制成三层夹层板作为车体构件。中间夹以玻璃钢，可以利用它的强度，克服玻璃钢不耐磨易起毛的缺点；用耐水胶合板作内墙，可以有利于维修及装饰；用铝板作外墙板，可以在铝板上覆盖摩擦系数低的薄膜或涂料，以降低侧墙板的空气阻力。如果再夹以泡沫聚氨酯，不但可以起到保温绝热的作用，还可以使多层夹板做到整体承载。

在现代化的高速客车上，玻璃纤维增强树脂的典型用途是门、整体盥洗室、车顶水箱、通风栅格、内顶板、窗框、通风管道、天窗侧板、地板构架、滑动门导轮、客车座位等设备。车厢内部设备用高分子复合材料时，一般都添加阻燃剂，并要求燃烧时无毒气逸放。为满足设计的要求，高分子复合材料中还可以添加防水剂、抗臭氧剂、芳香剂、增塑剂等。

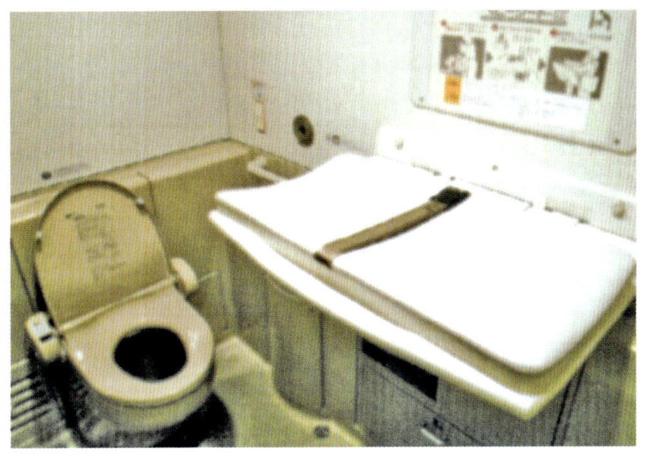

用玻璃纤维增强树脂制成的整体盥洗室厕所及婴儿服务台

轻型的FRP、PCV客车座位

提高电器设备的材料与工艺水平是高速列车轻量化的又一重要内容。对于高速动力车来说，电器设备重量和机械设备重量各占一半，而机械设备为了满足强度、刚度的要求，必须要有一定的重量，所以电器设备减轻重量更有重要的意义。主变压器、主断路器、主逆变器、电抗器、电容器等是高速动力车上的主要设备，优化设计，采用优质导磁及铁芯材料，提高绝缘材料的绝缘等级，都是降低电器设备重量的途径。在牵引电动机方面，用交流电机替代直流电机，是减轻电机重量的好办法。日本在 0 系列、100 系列高速列车上采用功率为 230 千瓦的直流牵引电机，每台重 1 000 千克，现在 300 系列、700 系列改为交流牵引电机，功率 300 千瓦，每台重量只有 500 千克，重量减轻了一半。

轻量化的主变流器

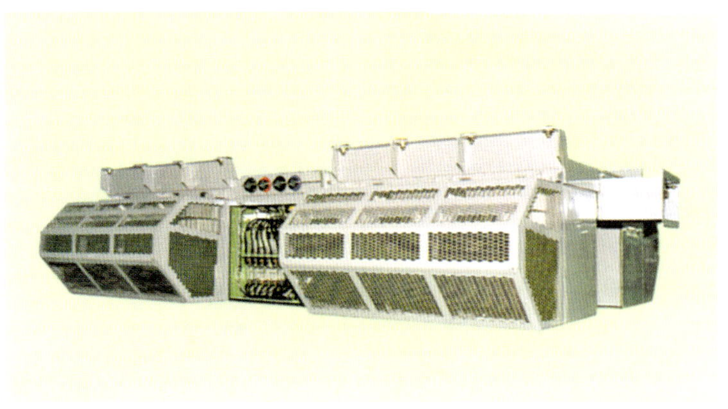

轻量化的主逆变器

减轻转向架的自重是列车轻量化的另一重要手段。轻型转向架构架可供选用的材料有：①高强度钢板和无缝钢管。日本铁道综合研究所十分重视汽车上已成功使用的双相钢，双相钢是在软的铁素体相中埋入硬的点状的马氏体相结构，它有良好的轧制成型性和焊接性能，而比强度高于普通钢材，其耐蚀性及缺口敏感性有待进一步考验论证。②钛合金。除了比强度高外，钛合金有良好的耐蚀性及耐热性，且经热处理可使金相组织变化大，机械性能可在很大范围内变化。但有加工性差、成本高的缺点。预计钛合金今后可作为车辆轻型化的材料。③德国研制了用玻璃纤维增强树脂（FRP）用于ICE的转向架，其总重5吨，与钢材比较可减轻重量1/4。④日本的上越新干线高速列车采用铝合金挤压型材制造枕梁，与钢相比减轻170千克。

转向架的一系轴箱弹簧系以下的死重量称之为簧下质量，它对轨道的破坏影响比簧上部分更大。减轻簧下质量对减小轮轨动力作用有很大意义。减轻簧下质量的办法有：采用**空心车轴**，既保持必要的强度和刚度，又可减轻20%重量；采用**S形幅板辗钢车轮**，全面加工，既增加刚性，又减少幅板厚度，一个车轮可减轻约20千克；用铝合金轴箱代替铸钢轴箱；采用双列圆锥形滚动轴承，可以不用止推轴承，使轴承重量减轻；采用铝合金齿轮箱等等，都可以达到减轻簧下质量的目的。

（6）增加车体密封性

普通列车的机车和客车车厢是不密封的。飞机机身要求密封，主要是在高空低气压中飞行时，可保持机舱内的气压，从而保证旅客的舒适性。高速列车为了保证旅客的舒适性，也要求车厢密封。其难度甚至超过飞机的密封。因为列车是一节节车厢连接在一起，车厢与车厢间有相对的摆动，旅客还要在车厢间自由行动。

高速列车交会而过时，两列车的相对速度等于其速度之和，所激起的空气压力扰动，在两列车之间会产生很大的脉冲压力。高速列车在隧道中运行时，由于活塞效应，列车头部受正压，尾部受负压，中部则受空气摩擦阻力。存在于隧道中的气流将以压缩波或膨胀波的形态对列车形成压力脉冲，并且随着气流的移动在列车表面与隧道壁间不断传播、反射和相互干扰、叠加。压力波动变化十分复杂，当两列高速列车在隧道内交会时，情况就更复杂。据资料介绍，当两列速度分别为200千米/时与250千米/时的列车，在长2 065米的隧道内交会时，所产生的压力波动可达5千帕。在这种情况下，如果车厢密封性不好，旅客将会产生耳膜压迫、头晕和恶心等不适感。因而高速列车要求车厢密封，使车内空气压力基本保持恒定。这就要求所有门窗在关闭状态时必须保持严密，相邻车厢的通道用弹性内风挡密封，车厢端门采用自动门以保证其经常处于关闭状态。这种压力波动还会带来诸如玻璃窗的强度、空调系统和排水系统进出口的防护等新问题。因此，车厢内的空调进气系统采用特殊风机，在隧道内车外压力大幅度变化时，不是用传统的进气关闭方式，而是连续换气，保证新鲜空气的供给。排水系统则采用水封方式。

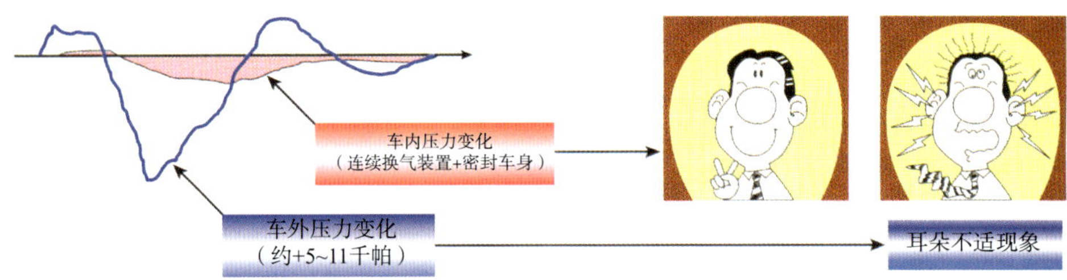

高速列车在隧道内压力变化引起耳朵不适现象

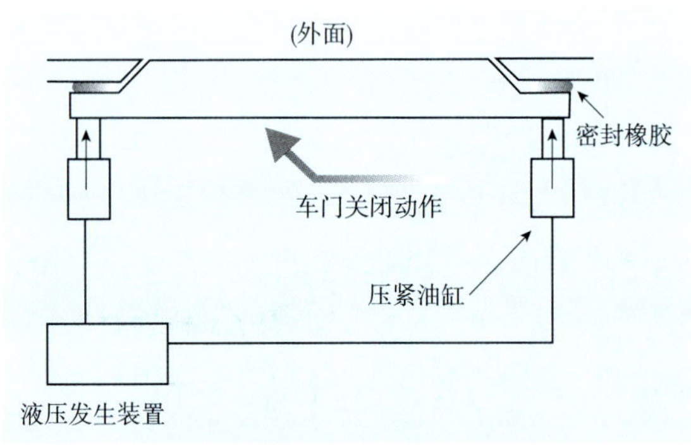

高速列车的塞拉门密封压紧装置

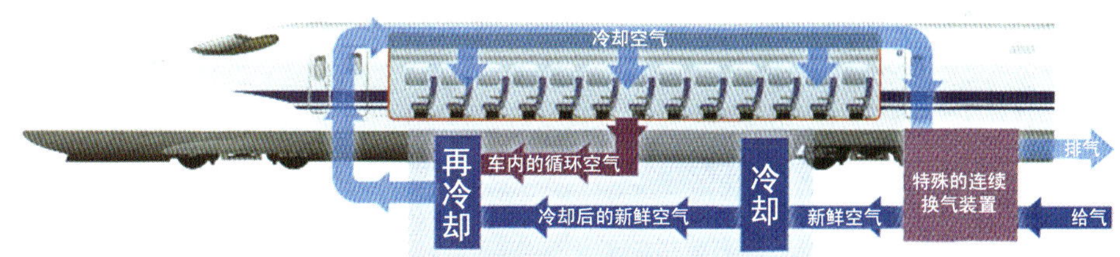

高速列车空调进风采用特殊连续换气装置

4.6 采用倾摆车体提高速度

什么是倾摆式车体呢？简单说就是采用两大新技术：一是车厢在通过曲线时可以自动倾摆一个预先规定的角度，使车体向内倾斜，抵消部分离心力；二是转向架的两根轮轴通过曲线时，能自动保持径向位置。这样，摆式车体在曲线上运行时，可比没有倾摆车体的列车运行速度提高30%~40%。

（1）为什么倾摆式车体列车能提高曲线区段运行速度

当车厢以较低的速度运行，或通过曲线的半径较大时，即使曲线上不设超高，车厢所受的横向离心力也不会引起旅客太大的不适感。然而，当曲线半径变小或车厢速度提高时，横向离心力加大，旅客就越来越不能忍受。按国际规定，当旅客所受到的横向力超过旅客本身重量的10%时，其舒适性已达到不可接受的程度。线路超高的作用是利用车厢中旅客本身重量的横向力来抵偿旅客所受到的相反离心力的部分作用，使离心力降低。在给定的曲线半径和超高条件下，只存在一个“平衡速度”值，这时离心力的横向分力与重力的横向分力正好抵消。当车厢以高于或低于“平衡速度”通过曲线时，将产生重力的横向分力与离心力之间的不平衡。这就是铁路上通常所称的“欠超高”或“过超高”。当人为地将车厢的车体向内轨方向倾摆一个角度，则有可能降低或消除作用在旅客身上的不平衡的横向力。

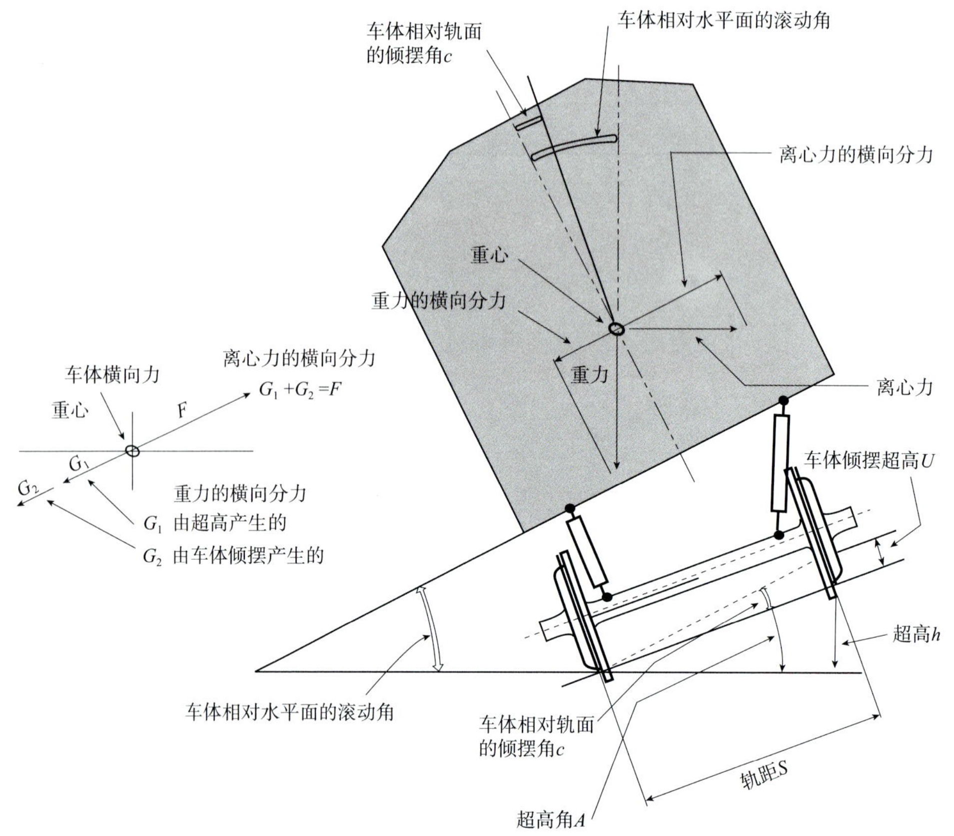

设计的车体倾摆对作用在旅客身上的力的影响

由于车体倾摆，等于相对水平面产生了一个倾角，相当于曲线超高增加了，从而改善了旅客的舒适性。将悬挂系统弹簧不同的压缩量与设计的车体倾摆两者的效应合并在一起，可以得到作用在旅客身上的合力图。此时当火车以高于平衡速度通过曲线时，使旅客所受的横向力降低，使舒适度达到可接受的程度。所以采用倾摆式车厢就可以用较高速度通过既有曲线区段，却不降低旅客的乘坐舒适性。

（2）如何使车体倾摆

倾摆车体的发展由来已久，早在1938～1941年，美国太平洋铁路设备公司就试制过摆式卧车。1973年日本正式在窄轨铁路上运营摆式列车，车体的最大倾角达5°。20世纪70年代，瑞典、德国、意大利、法国、西班牙和英国等欧洲国家都开始研制摆式车体，并已在线路上正式运行。摆式车体的倾摆方式可以分为两类：一类是被动式或称无源倾摆，另一类是主动式或称有源倾摆。

被动式摆式车体在通过曲线时，由于车体重心低于车厢支承面，像一个钟摆，藉离心力的作用使车体倾摆，故称被动式，它不需消耗能源，故又称无源式。这是早期日本和西班牙采用的车体倾摆方式。西班牙的 TALGO 被动摆式列车至今仍在西班牙国内及欧洲各国运用。

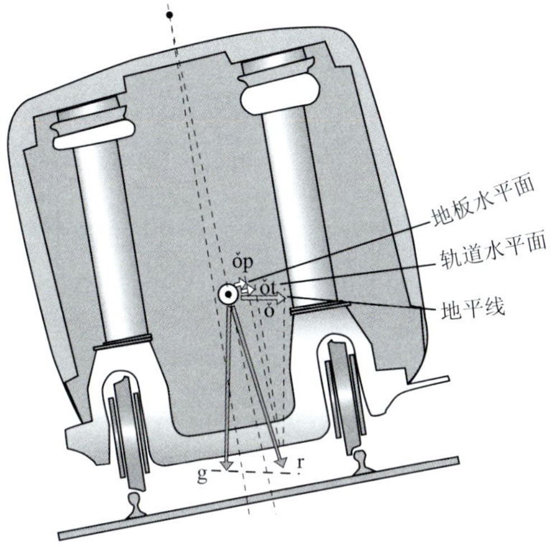

西班牙 TALGO 被动式摆式车体示意图

TALGO 列车的转向架位于两节车厢之间。转向架有两个支承柱，在上面安装空气弹簧。两个支柱是圆柱形，既作为支承点，又作为空气弹簧的辅助气室。空气弹簧作为两节车厢的共同支承点。车厢就像一个钟摆一样，在曲线上自动向外轨方向摆动，转动中心在离轨面 3.4 米处。以 70 千米/时最低运行速度或 1500 米最小曲线半径作为两个限制值，速度低于 70 千米/时或曲线半径大于 1500 米则摆式作用不会发生。

另一种被动式摆式列车代表是日本“SHINANO” 381 系列，客车上使用的滚子型被动倾斜系统用在日本山区的窄轨铁路上。

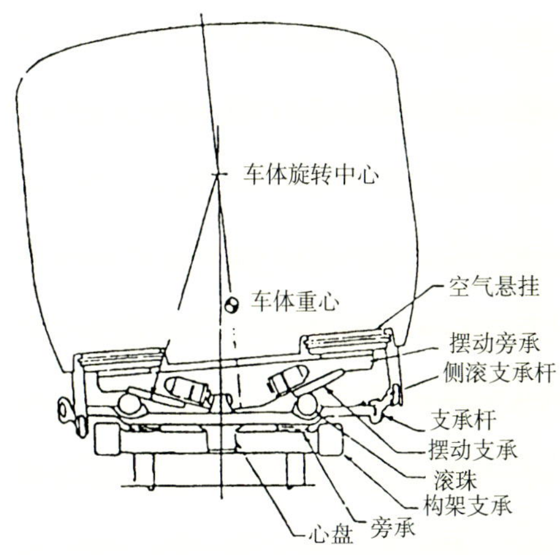

日本 381 系列被动式摆式系统示意图

这种车体的特征是具有高的倾滚中心。当它高速通过曲线时，车体重心向外移动。车体重心与车体旋转中心连线形成一个钟摆，产生了类似的被动摆动作用。

主动式或有源倾摆方式的列车是 20 世纪 70 年代液压伺服、电子自动控制技术和传感器等高新技术发展的产品。主动式摆式列车的典型是瑞典国营铁路和 ASEA 公司（后并入庞巴迪公司）花费了十几年时间合作研制并投入高速运行的 X2000 型摆式列车。X2000 型摆式列车的 5 节客车车体均可倾摆，都装有电－液压伺服控制的主动倾摆机构。列车在曲线上行驶时，该系统使旅客承受的侧向力减少了约 70%，犹如在曲线上给高速列车增大外轨超高，以解决高速所增大的离心力平衡问题。

倾摆动作由电—液压伺服系统完成。

流向液压伸缩油缸的油量受伺服阀控制，它从控制系统接受电基准信号。一节车厢的两台转向架的倾摆动作由一个伺服阀控制，这就保证了一节车厢的两个转向架的倾摆机构总是向相同方向倾摆，以防止两个转向架倾摆机构的动作相互矛盾，从而避免了车厢发生车轮减载过限的危险。为可靠起见，系统还有第二个伺服阀作备用。如果倾摆系统失灵，则压力降为零，车体将自动回到非倾摆位。

倾摆系统是受列车计算机控制系统（TRACS）所控制。列车是不是该摆动的信号及摆角的基准值均由列车前第一个转向架上的加速度计给出，经滤波后通过列车计算机发送到其他车辆上。在第一节车厢进入缓和曲线后，其后每节车厢上的控制微处理机将分别延迟适当的时间向液压系统下达指令，使每节车厢一进入曲线后即达到摆动要求的角度。每节车厢的倾摆由每个转向架上的光学数字角度传感器测出车体的摆角，并反馈给闭环系统控制，在计算机系统发生故障的情况下，一个模拟备用系统将自动接替它的工作。

（3）转向架轮轴自动保持径向位置

传统的转向架在曲线上运行时，两个轮对基本上处于平行状态，从而不可避免地会造成前面一个轮对的车轮前进方向与轨道方向之间有一个较大的角度，称为“冲角”。此时，轮对一边向前滚

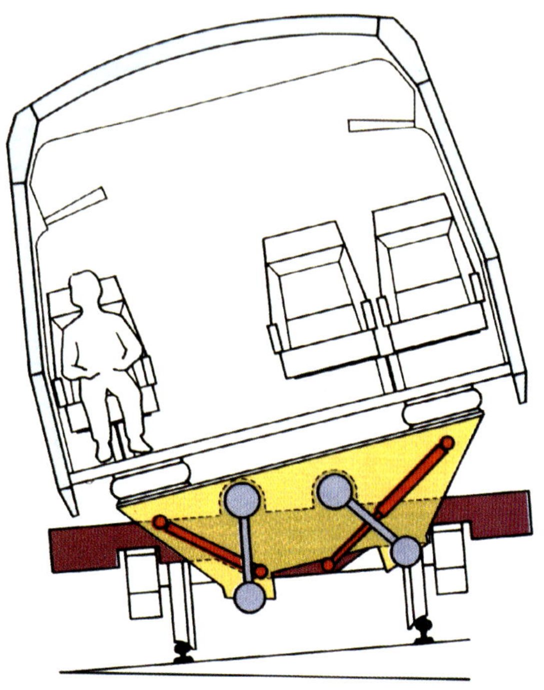

瑞典 X2000 型主动式摆式系统示意图

车体摆动机构设置于转向架上、下摇枕之间，上摇枕通过4根吊杆悬挂在下摇枕上，形同一个对称的四连杆机构。两侧各设一个液压伸缩油缸来驱动车体的倾摆，液压油缸上下两端分别固定在上下摇枕体内。液压系统中除液压伸缩油缸以外的全部液压设备都安装在地板下的两个机柜内，包括循环泵和高压主泵两个油泵。

动，一边必须横向朝曲线中心移动，势必形成外侧导轮轮缘紧贴钢轨，从而产生较大的轮缘力，造成轨距挤宽、钢轨磨损、轮缘垂直磨耗等一系列不良的后果，直接影响列车的安全，增加脱轨的

危险。因此，传统的转向架在曲线上高速运行受到限制。而**径向自导向转向架**在曲线上可使轮对的轴线基本上处于曲线的半径方向，理论上不存在冲角，因此径向转向架能适应在曲线上高速运行。之所以能产生如此良好的效应，还应归功于轮对与转向架构架之间的**金属橡胶弹簧**。它使轮对在转向架平面内有较大的自由度，即两根轴是柔性的。车轮与轨道的冲角减少，甚至接近于零度，大大减少了轮轨之间的横向作用力，增强了抗脱轨的安全性，同时还减轻了轮轨磨耗，节省了牵引动力。

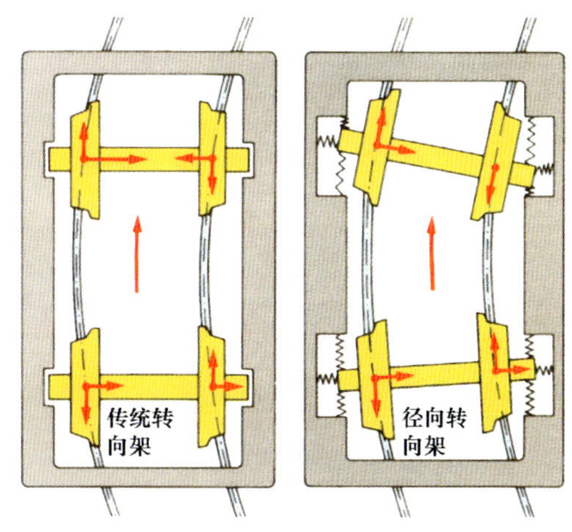

传统转向架在曲线上运行时产生的冲角和径向转向架作用示意图

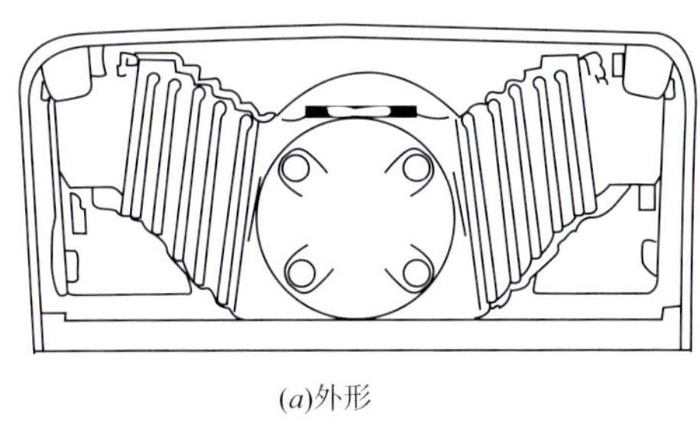
(*a*)外形

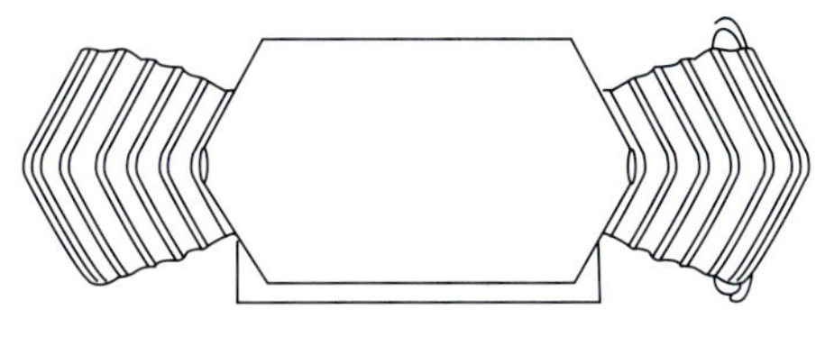
(*b*)横剖面

金属橡胶弹簧

摆式列车在不同半径曲线上的提速效果

	允许最高速度（千米/时）					
曲线半径（米）	600	800	1 000	1 200	1 400	1 600
普通列车	114.9	132.7	148.4	162.5	175.6	187.7
摆式车体 4°	136.2	157.2	175.8	192.6	208.0	222.4
摆式车体 6.5°	147.7	170.6	190.7	208.9	225.7	241.2
摆式车体 8°	154.5	178.4	199.5	218.5	236.1	252.3

除瑞典外，欧洲采用摆式列车的国家还有很多。德国 ICE—T 摆式列车在既有

线上最高速度可达 230 千米/时。意大利 ETR450 型高速 Pendolino 摆式列车，最高速度达 250 千米/时。现在高速列车上采用倾摆车体技术已成为发展趋势，因为高速列车要拓展它的运行里程，扩大服务范围，必然要下既有线。有了倾摆车体技术，高速列车可以更高速度通过既有线的小半径曲线区段，提高高速列车的使用效率和效益，也使更多的人享受到高速列车的优质服务。日本 N700 系，Fastech 360 型，法国 AGV 型，西班牙 Talgo 350 型等高速列车均采用了倾摆车体技术。

意大利 ETR450 高速摆式列车

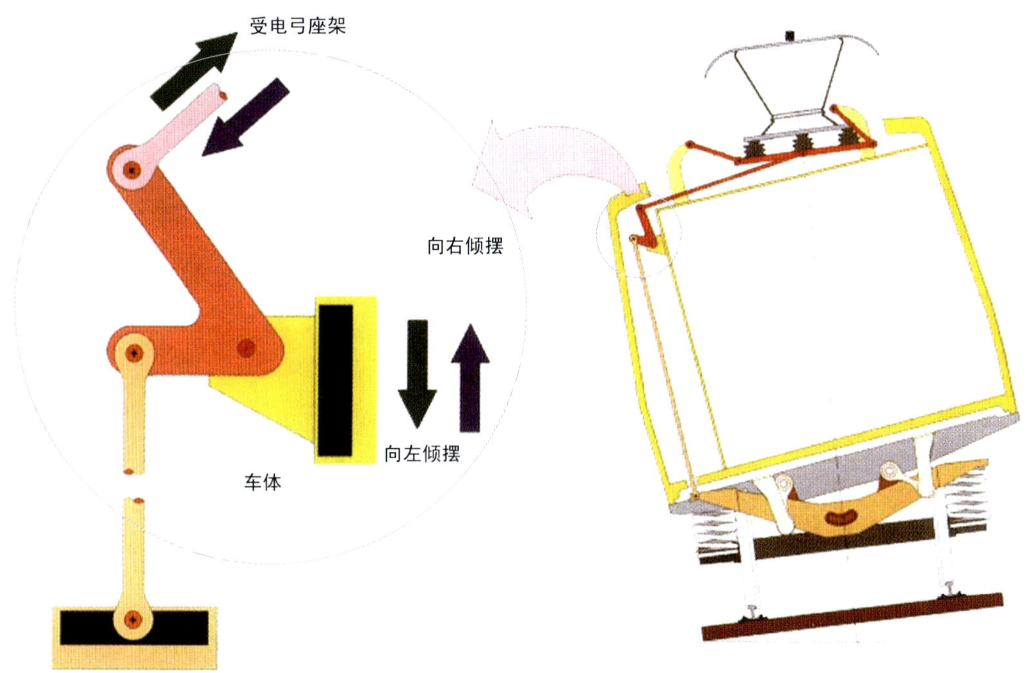

摆式车体列车上使受电弓保持中间位置的特殊机构

在摆式列车中，由于车头或动力车上有受电弓，如果车体倾摆时，受电弓也跟着倾摆，则就会发生受电弓脱离导线的严重事故。因此设计了一种专门的机构，尽管车体在倾摆，受电弓却始终保持中间位置，以确保受流性能。

4.7 高速列车的电力牵引供电系统

(1) 电力牵引供电系统的组成

电力牵引是以电能作为运输动力能源的牵引方式。高速列车是电气化动车组，其动力车自己不能发电，因而高速电气化铁道沿线有一套完善的不间断地向高速列车的动力车供电的设施，这就是电力牵引供电系统。这个系统由牵引变电所、分区亭、接触网、馈电线、轨道、回流线组成。习惯上把接触网、馈电线、轨道、回流线统称为牵引网，构成向高速列车供电的工作系统。

电力牵引供电系统都由较大容量的电力系统供电，国外也有个别电气化铁路由专门的发电厂供电。通常又将这种高压输电线路和电力牵引供电系统总称为电气化铁路供电系统。

(2) 牵引供电制式的变化

根据电力牵引方式有直流和交流两

种，牵引供电制式相应分为直流供电制和交流供电制两种。

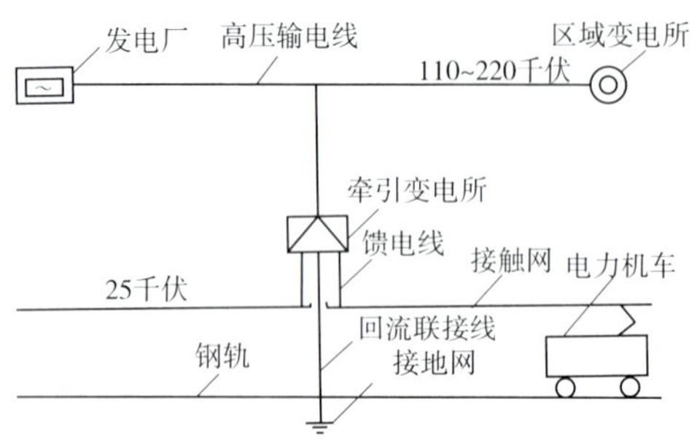

电气化铁路电力牵引供电系统示意

直流牵引供电制，优点是直流电力机车构造较简单，对铁路沿线通信干扰影响较小。许多国家的电气化铁路干线到目前还仍采用直流制，如欧洲的比利时、荷兰等国。各国城市地铁和轻轨交通、工矿运输现在仍然采用直流制。一般直流接触网的电压为3千伏，有的国家提高到6千伏。直流牵引网的电流较大，为了减少损耗，变电所间的距离短，因而变电所数量较多，增加了供电系统的总投资。从整个直流牵引系统看，由于容量受到限制，不能适应高速及重载大运量运输的需要。

高速铁路牵引供电系统

交流牵引供电制，于 20 世纪初开始被采用。这种电流制由于接触网构造较复杂及当时机车传动技术水平的限制，初期发展较缓慢，后来在德国及西欧各国得到广泛发展。20 世纪 50 年代法国铁路经过对比试验，决定采用工频单相 50 赫交流制，之后工频单相交流供电制在日本、中国、前苏联等国相继有了很快发展。

工频单相交流与直流牵引相比，其最大优点是接触网电压高（25 千伏），变电所间距离长，变电所数量少，变电所结构大为简化。因此供电系统投资比直流制大大减少。交流电力机车功率比直流机车的功率大得多，更能适应高速、重载牵引的需要，特别是现代大功率半导体变频变流技术发展，为采用三相交流异步牵引电动机的发展创造了有利条件。它能改善牵引负荷性能，降低机车

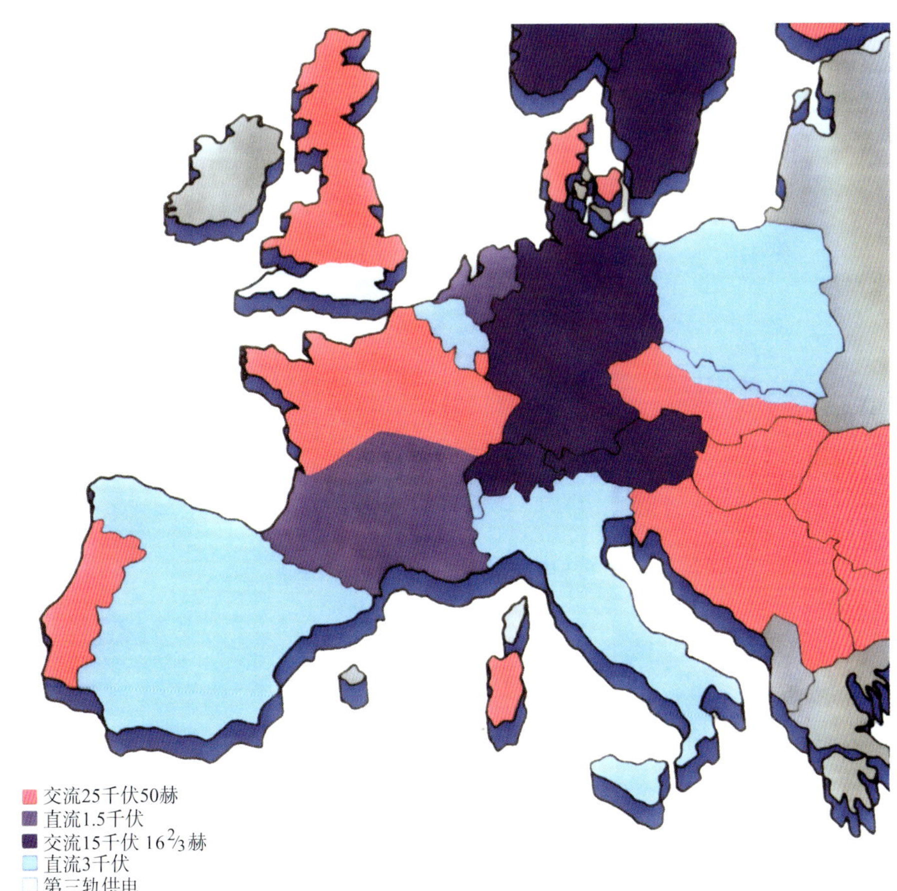

欧洲各国采用不同的牵引供电制式

高次谐波分量，提高机车功率因数，改进提高供电质量等。

由于各国的供电制式不同，有时在一个国家的不同地区供电制式也不尽相同，所以在研制开发高速列车时，必须考虑具备在不同的供电制式下均能运行的受流系统。最典型的是法国制造的国际联运 TGV—PBKA 型塔利斯高速列车，它具备能适应四种牵引供电制式的受流系统：25 千伏 50 赫交流制，15 千伏 16 $\frac{2}{3}$赫交流制，3 千伏直流制，1.5 千伏直流制，能在法国、德国、比利时，荷兰四国的四种不同供电制式下运行，只是在直流供电制式下，塔利斯高速列车的功率会从交流制的 8 000 千瓦下降到直流制的 4 000 千瓦左右，几乎下降一半。

我国电气化铁路在 20 世纪 50 年代起步时，通过专家反复论证，一开始就选择了先进的交流 25 千伏、50 赫供电制式，这一正确的选择为我国铁路向高速、重载方向发展创造了极为有利的条件。

交流电力牵引供电方式按电力牵引供电系统的设备和接线的不同，还可分成**直接供电**、**吸流变压器（BT）供电**、**自耦变压器（AT）供电**及**同轴电力电缆（CC）供电**等 4 种方式。

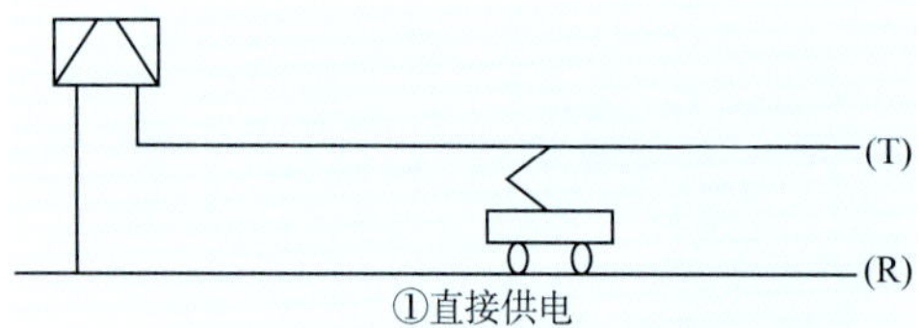

①直接供电

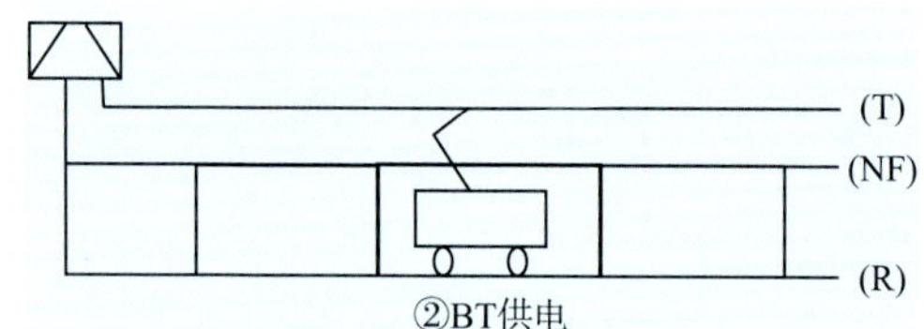

②BT供电

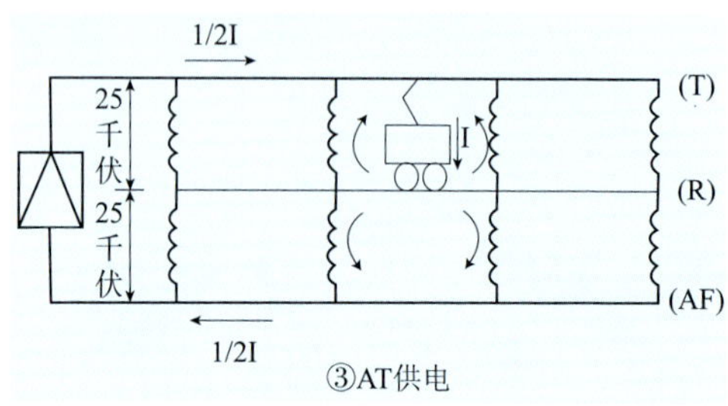

③AT供电

各种不同的交流牵引供电方式示意图

① 直接供电方式。具有简单回路的直接供电方式是电力牵引网中不加特殊防护措施的基本供电方式。早期采用的方式是牵引电流由变电所经馈电线、接触网直接送到电力机车，然后通过钢轨与大地接地网的回路返回牵引变电所。其特点是牵引网结构简单，牵引网阻抗小，能耗低，造价低，施工及运营管理

方便。但大地中电流大，对地下埋设的金属管道等有严重腐蚀作用；对铁路沿线的通信有干扰。随后发展了带回流线的直接供电方式。沿铁路线在接触网支柱上架一条回流线（又称负馈线）与钢轨并联，使原来流向大地的部分电流经回流线返回变电所。回流线接近接触网，电流方向相反，改善了对通信的干扰，减小钢轨漏电并降低了对地电位。

② BT供电方式。BT是吸流变压器英文的字头缩写，由于这种线路中采用了吸流变压器，故称为BT供电方式。它是改善单相工频交流牵引供电对通信线路干扰的有效手段，已在许多国家采用（我国也用）。但因结构复杂，在吸流变压器处断开点上有电位差，受电弓高速通过时产生电弧，现今在高速电气化铁路中不再采用。日本东海道新干线一开始采用BT供电，后在1984～1991年又改造为AT供电。

③ AT供电方式。AT是自耦变压器英文的字头缩写，由于这种线路中每隔10千米左右在接触网与正馈线之间并联接入一台低阻抗的自耦变压器，其中性点与钢轨相连。自耦变压器能将牵引网供电电压提高一倍，而动力车上电压仍为25千伏。当机车负荷电流为I时，由接触网和正馈线供给的电流为$0.5I$，另外的负荷电流$0.5I$由自耦变压器感应电流供给。这种方式不仅有效地改善了对通信线路的干扰，而且变压器本身阻抗低，牵引网中的能耗和电压损失降低，供电能力加大，供电距离长，可达40～50千米，改善了供电质量。特别是近年来电子和计算机技术的迅速发展和应用，为解决AT供电方式中电气计算和沿线自耦变压器运用状态的监测，提供了有效措施。因而法国、西班牙和日本的新建高速铁路都采用AT供电方式。

④ CC供电方式。又称同轴电缆供电方式。同轴电缆是一种具有同轴心的内、外两层导体，内、外导体之间和外导体外部有绝缘层的特殊电缆。同轴电缆沿铁路的钢轨埋设，每隔5～10千米为一个分段，其内导体作为馈电线与接触导线相连，其外导体作为回流线与钢轨相连接，仅在机车运行地段，接触网上和钢轨上才有电流通过。这种供电方式将电流方向相反的馈电线与回流线之间距离缩小到最小限度，而又是同轴分布，导体间的回路阻抗很小，使对外电磁场的影响趋于平衡，因此改善电压质量与减少通信干扰的效果明显优于AT供电方式。日本已在试验这种供电方式，但因造价昂贵、施工复杂、投资较大，还没有国家正式采用。

（3）高速列车的供电接触网

就像有轨电车有一条电车线将电能传送到电车上一样，电气化铁路也是依靠接触网将电能传送到高速列车上的。所以，接触网是沿铁路架设的向高速列车动力车供电的导线系统，它是电气化铁路供电系统的重要组成部分。接触网必须具备良好的弹性，保证能通过它不间断地供电，还要具有耐磨性和抗腐性。一般电气化铁路的接触网为架空柔索式。

接触悬挂中直接与高速列车受电弓接触并向其供电的导线称为接触线，又称电车线。它呈异形截面，由铜、铜合金或铝、铝合金等材质冷拉成型。在高速列车运行时接触线与受电弓直接接触，相互间有一定的压力，处于相互摩擦状态。为了保证受流质量，接触线除必须满足导电要求外，还需具备足够的机械强度与耐磨性、耐腐蚀性。

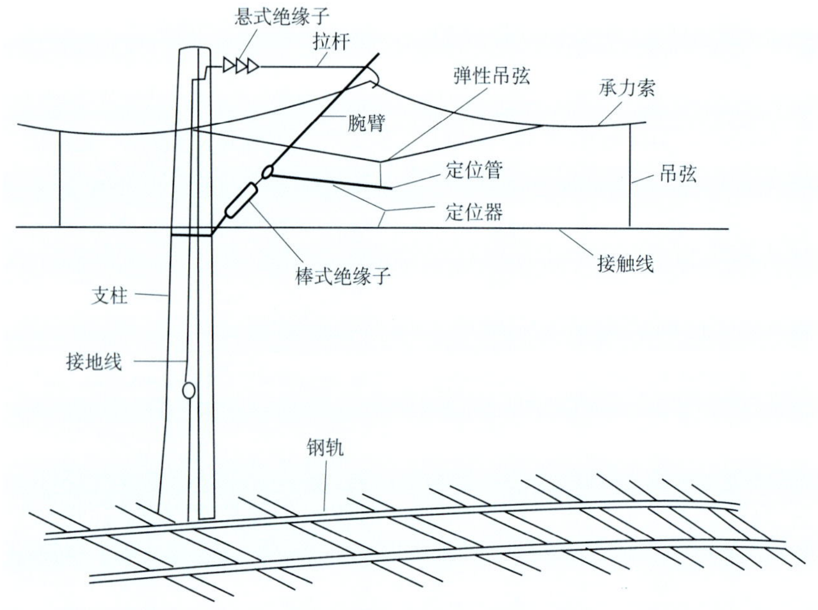

接触网的组成

接触网的结构与高速列车供电好坏有直接关系。为适应行车要求，必须保证在最恶劣的气候条件下，高速列车以线路允许的最高速度运行时能良好地从接触线上取得电能（称为**受流**）。为此，高速接触网除了具有常速下的性能特点外，还应具备下列特殊性能：

① 弹性均匀。在受电弓相同压力作用下，接触线各点的升高应尽量相等，以保证功率传输可靠性。

② 稳定性好。当高速列车高速通过时，接触线与受电弓滑板间必须保持良好接触，其脱离接触的时间总和与全部运行时间的比值（即**离线率**）要小，不得超出受电弓允许的工作范围。

③ 耐磨耐电弧性能好。接触线与受

电弓滑板之间相对磨耗应尽量小。在运行过程中，一旦受电弓因振动等原因瞬时离线而产生电弧（俗称拉弧现象）时，仍能维持正常运行。

接触网不是一根导线连续从车站到车站，中间分为很多相互绝缘的区段称为**锚段**，其作用首先是发生断线或支柱折断事故时，限制事故的范围，不致影响到相邻锚段。其次是便于分段设置张力补偿装置，用以调整接触线和承力索的张力，保持其水平高度。第三是便于分段维修，缩小停电检修范围。锚段的长度与接触悬挂形式、线路和气象条件等多种因素有关，一般为 1 600 米或 1 800 米。

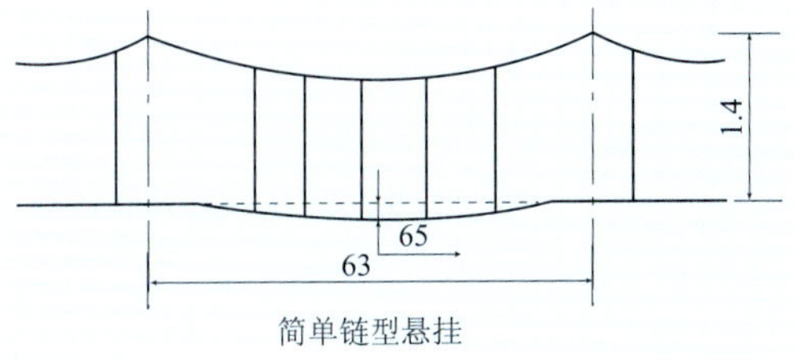

简单链型悬挂

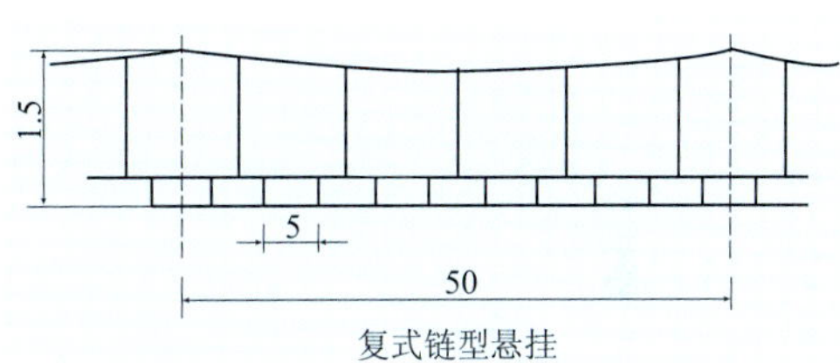

复式链型悬挂

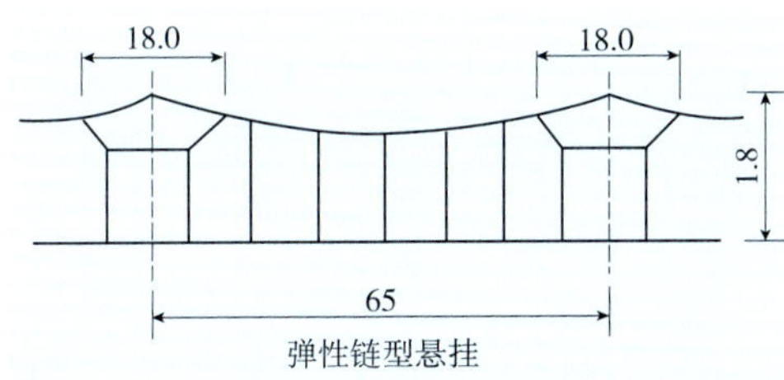

弹性链型悬挂

高速接触网三种基本结构——**简单链型悬挂**、**弹性链型悬挂**与**复式链型悬挂**（单位：米）

简单链型悬挂的特点是结构简单，安全可靠、安装调整方便，也适应于高速受流。其唯一缺点是接触线在支柱上定位的地方弹性小，在两个支柱中间的接触线位置（称谓跨中）弹性大，容易造成跨中处受电弓抬升量高。解决办法是在跨中处让接触线有一点下垂（称为预留驰度），这样受电弓在跨中的抬升量可降低；而定位点处采用性能优良的定位器，可以减轻或消除定位点的相对硬的部位，增加弹性。

弹性链型悬挂是德国高速铁路采用的方式，其结构主要是在简单链型悬挂基础上，在定位点处装设弹性吊索，主要有两种形式：π 型和 y 型。这样使定位点处弹性得到改善，使其结构既简单又使整个接触网弹性均匀，受流性能改善。其缺点是弹性吊索调整维修比较复杂，对定位器安装坡度要求也较严格。

复式链型悬挂是在承力索与接触线之间加了一根辅助承力索。其优点是接触线在每一点处的上下波动量较均匀，接触网的张力大，因而受电弓离线的几率可以缩小，抗风能力强。但缺点是结构太复杂，维修养护很困难。日本高速铁路在采用复式链型悬挂 30 年后，在北陆新干线建设中也开始采用法国高速铁路的简单链型悬挂结构。

接触网的接触线是中间部位有沟槽的异形截面导线。沟槽是用来安装固定接触线位置用的定位线夹，而不能影响受电弓的滑行和受流。接触线底部与受电弓的滑板接触，是圆弧形。接触线的材质一般用铜、铜铝、铝合金，国外高速铁路多用铜或银铜接触线。承力索是在接触导线上面，承载接触导线并传输电流的线材。它应具有线胀系数与接触导线一致，强度高、耐疲劳、耐腐蚀、耐温变，导电率高的特性。一般采用青铜或铜合金材质。

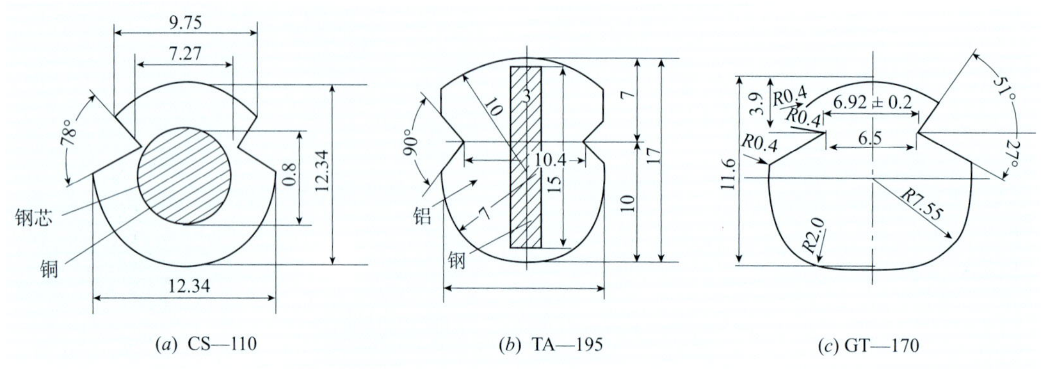

各种接触线的截面形状（单位：毫米）

当铁路从一条线进入另一条线时要设置道岔，使列车能过渡进入。接触网在有道岔的地方，也要设置线岔（旧称架空转辙器），线岔有交叉线岔和无交叉线岔两类。高速接触网一般采用无交叉线岔能使高速列车的受电弓平滑地由一根接触线高速过渡到另一根接触线，不会产生钻弓或打弓事故。线岔的结构采用一根限制管将相交的接触线相互贴近。接触线在气温变化时的伸缩使交叉点发生变化。所以，限制管的长度应根据线岔到中心锚结的距离来决定。一般限制管长度为 1300～1550 毫米。

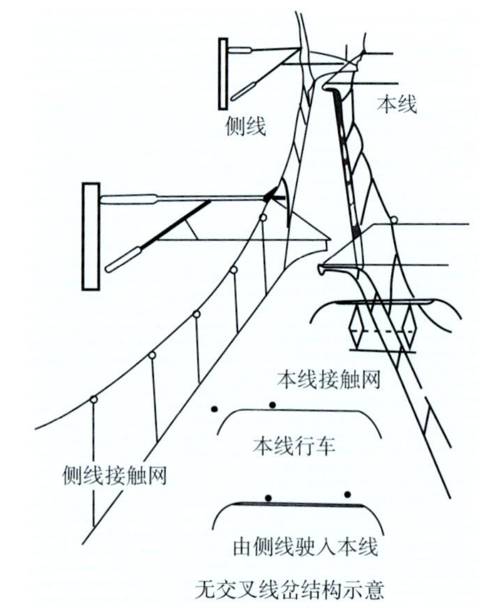

无交叉线岔结构示意

（4）如何保证高速时受电弓的受流质量

受流性能的好坏，除与接触线和悬挂参数有关外，显然还和高速列车的受电弓的性能有关。受电弓上部是滑板，滑板一般采用重量轻、相对磨损率小的碳材质。滑板有一定宽度，使接触线和受电弓相对晃动时不致脱离。受电弓有一定的上抬力，以保证与接触线的接触。为使两者既能很好接触，又能减小接触阻力和磨耗，受电弓与接触线间的接触压力不能偏小（易离线），也不宜过大（阻力和磨耗增大）。如德国规定接触压力范围为 70～80 牛顿力。受电弓的弓架和框架的重量应尽量减轻，但要保证框架的稳定，避免列车运行时受电弓框架的振动频率与接触线或动力车发生共振。一列高速列车常会有一个以上的受电弓，两个弓之间的距离应大于 200 米，以防止相互干扰而发生谐振动，加大离线率。

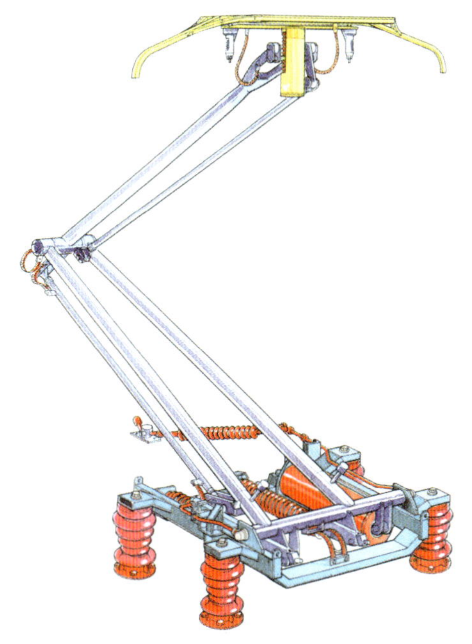

法国 GPU 型高速列车受电弓（TGV—A），曾创造 515.3 千米/时世界高速记录

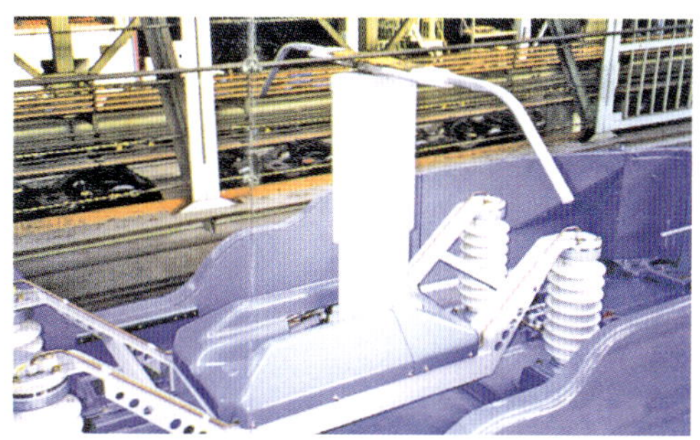

日本翼形高速列车受电弓（500 系）

影响高速列车受流质量最主要因素是受电弓与接触网的离线情况，在直线区段，离线率在 1% 以下表示受流良好，3% 以下表示一般，而 5% 表示不得已的极限值。过大的离线率不仅直接影响滑板及接触线的磨耗，还有噪声污染。根据各国高速铁路的运行实践，在产生离线的众多原因中，由于受电弓抬升力引起的接触导线的振动传播速度（专业名称为波动传播速度）对离线有很大影响。如果波动传播速度小于或接近运行速度，则将会产生大离线。波动传播速度比运行速度越高，则受流性能越好。列车运行速度与波动传播速度之比值要求不大于 0.7。

接触导线的**波动传播速度 $V\rho$** 用下式表达：

$$V\rho = \sqrt{接触导线张力/接触导线单位质量}$$

故导线的张力越大，导线的质量越小，则波动传播速度越快。从式中可见，接触导线张力的增大是直接减少离线的有效措施之一。各国高速铁路采用这一方法，如法国高速列车以 270 千米/时速度运行时，接触导线张力从一般的 9.8 千牛提高到 20 千牛；德国高速列车以 300 千米/时以上速度运行时，接触导线张力提高到 24 千牛。

高速运行时在支柱悬挂点处接触导线的**动抬升量**也至关重要，它不仅反映接触悬挂的弹性（或刚度），同时也是运行中弓网相互作用时容易发生事故的影响因素。法国东南线接触导线支柱悬挂点允许抬升量原为 240 毫米，1981 年 12 月，受到强风袭击时曾发生两次事故，接触导线有 1400 米范围断线，吊弦及定位器数千米遭到破坏。调查结果认为，在强风状态下，高速运行时高路基上的接触导线抬升量超过允许值，致使固定接触线的杆件可动腕臂水平杆和受电弓发生冲击而引起事故。因此法国高速线后来把抬升量允许值放宽到 400 毫米。

高速铁路的神经中枢——安全运行管理系统

5.1 列车自动控制系统

(1) 高速列车司机是否凭信号灯开车

铁路运输的车辆是限制在钢轨上行车的，如果在一条线路的同一区段内出现两列火车尾追或对面行驶，由于制动距离长且无法避让，很容易发生撞车事故。为保障运输安全，1889 年英国议会立法，要求铁路客车必须装有连续自动刹车，客运铁路线必须装备有区间闭塞的信号系统。区间闭塞是指线路的一个区段内，只允许一列火车运行。早期的铁路多为单线，即两车站间只有一条铁路，故最简单的方式是取两车站间的线路作为闭塞区间，车站两端设置信号，表明是否允许列车通过或进入车站或区间。最早的信号是臂板信号，向上斜 45°为允许通过，水平位置则不允许通过，信号板由人操纵。随后发展为带红绿灯的臂板信号，臂板信号的操作由车站的调度员下达指令才能搬动。区间线路两头的两个车站进入该区段的信号，绝不允许同时处于开通状态，即列车不允许同时从两端进入一个区间。单一信号还不足以保证安全，机车司机还必须拿到车站调度员给的路牌，才允许将列车驶入下一区间，到下一车站还必须换路牌。这些设置现在都已淘汰不用了。

臂板信号

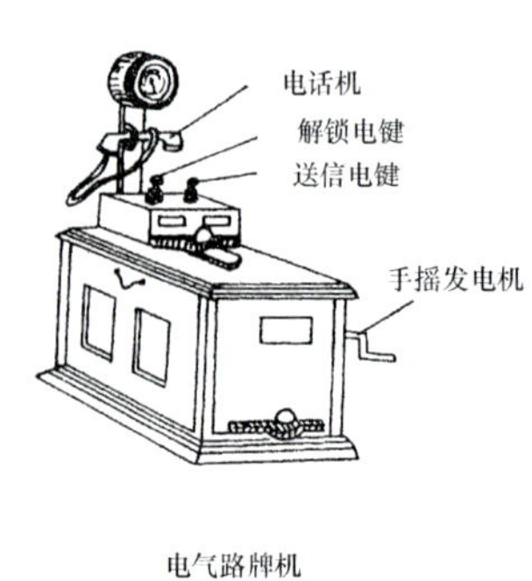

电气路牌机

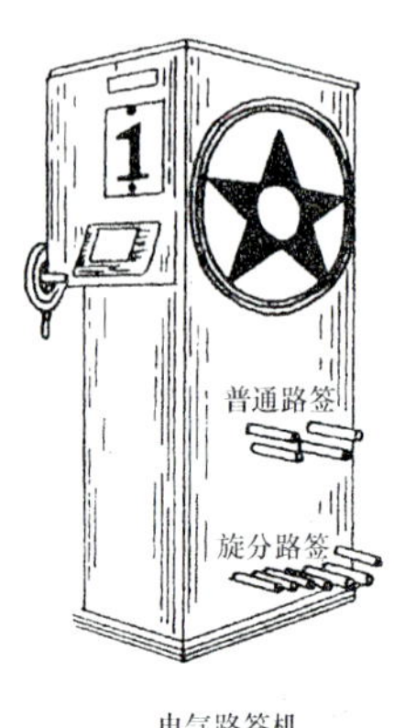

电气路签机

臂板信号及接发路牌设备示意

随着电子和自控技术的发展，在复线铁路发明了自动闭塞设备。所谓自动闭塞是在沿铁路线每隔一定距离设置一部信号机，距离根据行车允许最高速度而定，保证能在此距离内将列车紧急制动停住。自动闭塞系统对行车的指挥控制是以信号机色灯指示，通称为地面信号，是靠司机目视信号进行列车运行控制的方式。这样，司机容易疲劳，特别是气候条件较恶劣时，会影响司机的视力和分辨力。后来为了保证驾驶员全天候的操作，在驾驶室内安装了机车信号灯，它的灯色指示与列车前方的地面信号灯一致，反映前方闭塞区间的占用状况。司机可以看前方信号，也可以通过查看驾驶室内的信号灯操纵车辆。机车上的信号是通过地面信号机向钢轨发出不同频率的信息，由安装在机车底部的接收设备接收信息后经分析处理而得出的。这种闭塞区间对行车的控制方式，要求设备安全可靠且驾驶员在工作过程中始终保持高度的注意力。

然而在高速行驶的情况下，常规的系统不再适用。高速行驶使火车司机视线减弱，不能尽快地识别信号。另外，由于制动距离、信号的内容变得多种多样，任何视觉信号标志将不能继续担当指挥列车运行的主体信号功能，必须选用一种新的控制运营列车的方式，即列车运行自动控制。

(2) 现代列车自动运行控制系统（ATC）——安全运行的保证

早在1964年日本建成东海道新干线时，列车运行自动控制设备就作为安全系统而被采用。它是依靠地面发送的信息控制列车自动运行。线路上取消了地面信号机，列车内有6种信号显示。

各国高速铁路采用的列车自动运行控制系统有各种制式和不同的名称，如日本新干线的ATC、法国的TVM、德国的LZB，这些列车自动运行控制系统的一个共同点是控制列车的运行速度。我们将这些系统称为ATC（advanced train control）。

现代列车速度控制的基本原理是：当列车实际运行速度超过限制速度时，设备自动实施常用制动，使列车运行速度自动降低；当列车实际运行速度降低到低于限制速度一定值时，制动自动缓解。

① ATC大阶梯式曲线控制模式

现代列车速度控制系统目前有两种方式：大阶梯式曲线控制模式与连续曲线控制模式。后者是在前者基础上发展的更为先进的一种模式。现以大阶梯曲线控制模式来说明列车速度自动控制的原理。

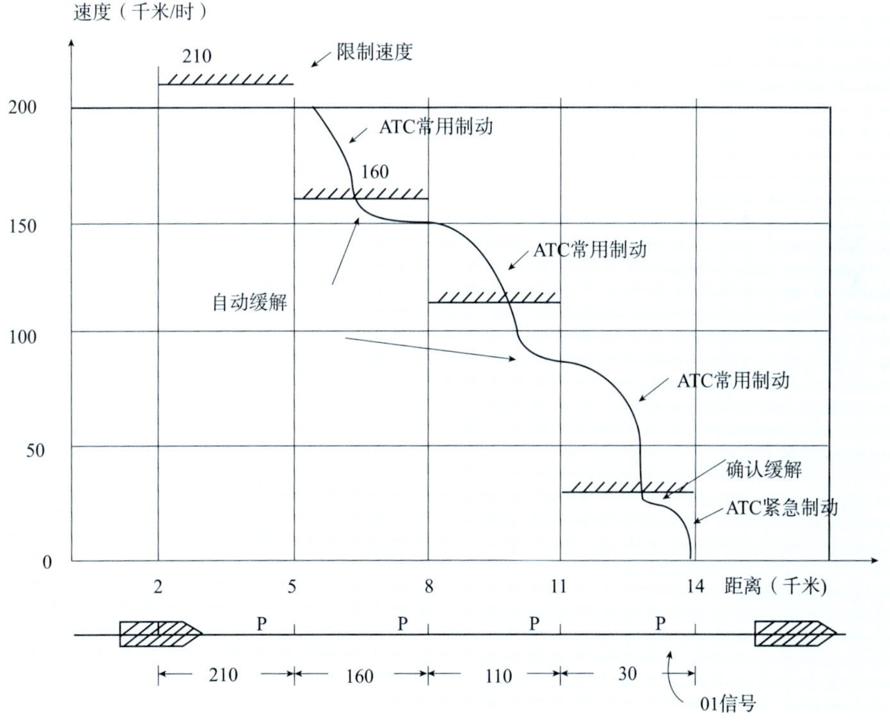

ATC系统大阶梯式曲线控制模式

图中地面线路的闭塞区段根据规定的限定速度划分，以 3 千米为一个闭塞区段（专业上称为闭塞分区）。如线路允许最高速度为 210 千米/时，则当有一列车在运行，后方的 3 个闭塞分区的限速分别为 30 千米/时、110 千米/时和 160 千米/时，再向后的区间又恢复限速 210 千米/时。图中 210 信号或 160 信号即表示该区间的限速。当后续列车由 210 信号的区间进入到 160 信号的区间，列车实际速度为 200 千米/时，因 160 区间限速为 160 千米/时，若列车实际运行速度超过限制速度，列车会自动实施常用制动。当列车实际运行速度降低到 160 千米/时以下时，列车制动自动缓解。列车进入 110 信号的区间时，情况与 160 区间相同。当列车以 100 千米/时的速度进入 30 信号的区间时，设备自动施加制动后，列车速度即降低到 30 千米/时，这时需要司机确认后缓解。如果前方信息为停车信号且司机未施加制动，列车在通过距前方入口点 150 米处的 01 信号 P 点时，地面信息向列车上发送紧急制动命令，列车施加紧急制动，列车停在停车标内，防止冒进信号。可以看出，列车超速命令都在入口端给予控制，闭塞分区传递信息时，速度等级就是该分区的限速。

现代列车自动运行控制系统 ATC 是由地面信息控制/发送设备、轨道电路（即信息以不同频率的信号通过钢轨来传输的电路）以及车载计算机设备共同组成的。在整个系统中，轨道电路和地面设备主要有两个功能：①检测轨道电路的状态（是否有车占用）。②检测有无先行列车，并通过联锁装置了解其间隔和线路条件（曲线、直道），根据检测结果向列车发送允许速度，即 ATC 信号。

日本高速列车的 ATC 系统是以设备为主对列车进行自动减速控制的系统。列车在进站停车时，由 ATC 装置控制列车自动减速到 30 千米/时，而从 30 千米/时到停车的操作，由司机进行。由 ATC 装置自动完成的减速通常使用常用制动。对一定的 ATC 车内信号，只有在列车速度达到或超过高一级信号指示的速度时才施加紧急制动。

法国高速列车的 ATC 系统是以司机为主对列车进行减速控制。在 TVM—300 列车速度控制系统中，地面设备分别通过 UM71 型轨道电路和回线装置向列车发送连续式信号及点式信息，司机完全根据车内信号装置显示的数字式速度信号驾驶列车运行。当司机违章操作，列车速度超过规定的允许速度时，即自动施加最大常用制动。一旦列车速度降低到允许值以下时，司机用按钮确认后即可缓解。

德国高速列车的 LZB 型 ATC 系统与日本、法国所执行的功能在基本原理上是一致的，所不同的在于它利用轨道电缆构成的双向信息传输通道，实现了连续式的列车速度自动控制。轨道电缆铺设在轨道上，每100米（或50米）交叉一次。交叉点形成零电压用于列车定位，而在这100米的分区内，由列车上的测速测距装置精确测定列车位置。它也是以司机为主对列车进行减速控制。

在地面控制中心CTC控制范围内运行的各次列车，通过应答电码向中心报告列车数据，如运行位置、列车长度、制动方式、列车类别、制动率、动力车装置工作状态和诊断表示、规定的列车最高运行速度等。控制中心根据线路不变数据、可变数据和列车报告的数据，实时计算出各列车相应的目的速度和目的距离，并通过传输设备发送给列车上的车载计算机，由后者处理并给出显示，并监督司机的操作情况。地面控制中心通过呼叫电码向列车发送的信息还有：控制区段标志、闭塞方式、运行方向、监督速度模式曲线编号、制动预告距离、对应于规定速度的自由制动距离，等等。

② ATC连续曲线控制模式

目前由于高速列车的速度进一步提高到300～350千米/时，因此，各国普遍采用了更先进的ATC系统连续曲线控制模式。

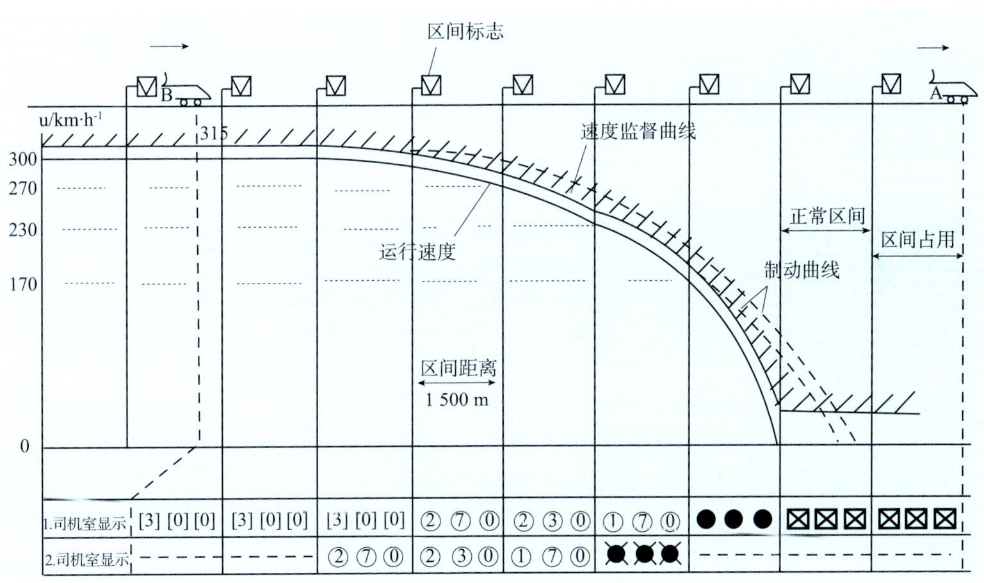

ATC系统连续曲线控制模式

这种系统的工作原理是：高速列车的车载微机，从地面接收到能精确描述控制列车制动过程的有关参数，并根据列车制动特性自动生成相应的速度曲线，不断地把列车的实际坐标（距离、速度）与连续速度曲线相比较，超过曲线规定值就施加紧急制动。地面参数包括列车所在分区的允许运行速度、闭塞分区长度及其平均坡度，由地面设备把这些参数编在数字电码中作为连续信息，通过轨道电路发送给列车。

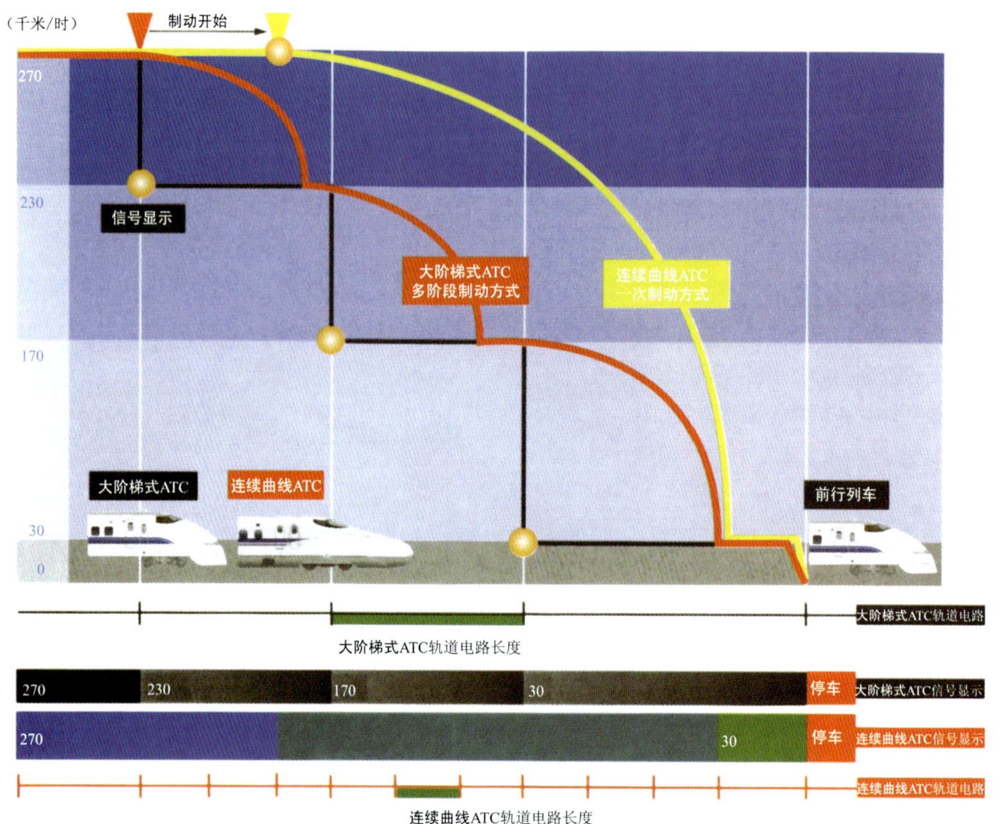

连续曲线控制模式和大阶梯式曲线控制模式比较

连续曲线控制模式使ATC系统可以有效消除在大阶梯式曲线控制中每一个阶梯都实现一次制动而所发生的空走制动距离（列车发出制动指令到实际产生制动作用之时间间隔内走行的距离），由此可以缩短自动闭塞分区的长度，达到减少列车与列车间发车间隔时间的目的。这将有效地提高高速铁路的运输能力，并保障高速列车的运行安全。

（3）无线列车控制系统——移动闭塞系统

日益发展的高速铁路技术对高密度运营管理技术提出了新的需求，人们希望取消传统的固定闭塞方式，用一种新的方式管理区间中车辆的运行。

移动闭塞系统将取消传统线路上的固定闭塞区间，在区间中运行的列车实时地将列车速度、位置、列车牵引重量等信息传向地面控制中心，由控制中心实时地掌握先行列车和后续列车的间隔距离。当追踪列车和先行列车的间隔与后车的常用制动距离加安全间隔区的距离非常接近时，控制中心向追踪列车发出缓行或制动的命令，使后续列车与先行列车的间隔加大，从而确保列车的运行安全。列车的间隔距离与运行速度有关，当速度高时，两车的间隔距离就加大，反之就缩短。这种闭塞方式能够在确保行车安全的条件下，最大限度地增加行车密度，提高运输能力。

移动闭塞与传统闭塞的区别在于区间中没有设置固定的制动信号点，制动指令是根据线路上运行列车的随机状况给出。对一列运行的列车而言，整个区间的所有地点都可以成为它制动的目的地，而起主要作用的因素就是前行列车的位置。于是，前后车的行车速度、距离、位置，本车的设备现状、运行状况以及沿线的线路、气候等等诸多因素就成为列车施行制动和缓解的主要依据。根据诸多因素所提供的数据，系统需要设置一个对数据进行处理并发出指令的控制中心。传统的轨道电路通常只能实施地面向车上的信息传送，无法将车载信息传送至地面控制中心。要提供双向数据传输，只有以无线电信号作为传输媒介，保证高速运动的车辆与地面控制中心之间可靠的数据传输与交换。因此，必须发展无线电双向传输的列车控制系统。

无线列车控制系统，是由设在地面控制中心的计算机联锁闭塞系统周期地收集各列车所发出的位置和速度信息，并向列车传送距前方列车的距离或至限速地点的距离；而车载计算机按其列车制动性能实施最佳的速度控制，地面和车上的数据实施无线传输。

自20世纪80年代以来，日本和北美、欧洲一些技术发达的国家都开始了对无线列车控制系统——移动闭塞系统的开发和研究。目前世界上进行开发研究的项目有美国的先进列车控制系统ATCS（20世纪80年代开发研制），法国的ASTREE（1986年开始研制，1995年进行了现场试验），日本CARATC（1987年开发，1991年进行试验），德国的FZB（20世纪90年代初开发），欧洲的ETCS（1991年开始研究）。

欧洲ETCS系统的最高（第3）级就是通过GSM—R无线通信系统，实现列车移动闭塞。GSM—R是一个拥有上、下行4兆赫带宽频率、工作在900兆赫频段的铁路无线电专用卫星通讯系统，它提供高效、低运营费用和高可用性，以及不同铁路通信网络间互通的功能。GSM—R应用的范围包括：列车自动运行控制（ATC）；调度员—司机间通讯；调车作业；远程遥控；紧急情况区域广播；列车支持通讯；车站和维修段的地区通讯；旅客服务。而移动闭塞系统是应用GSM—R系统的主要用户。欧洲德国、法国、瑞典、瑞士、英国西海岸干线均已选定了GSM—R系统。

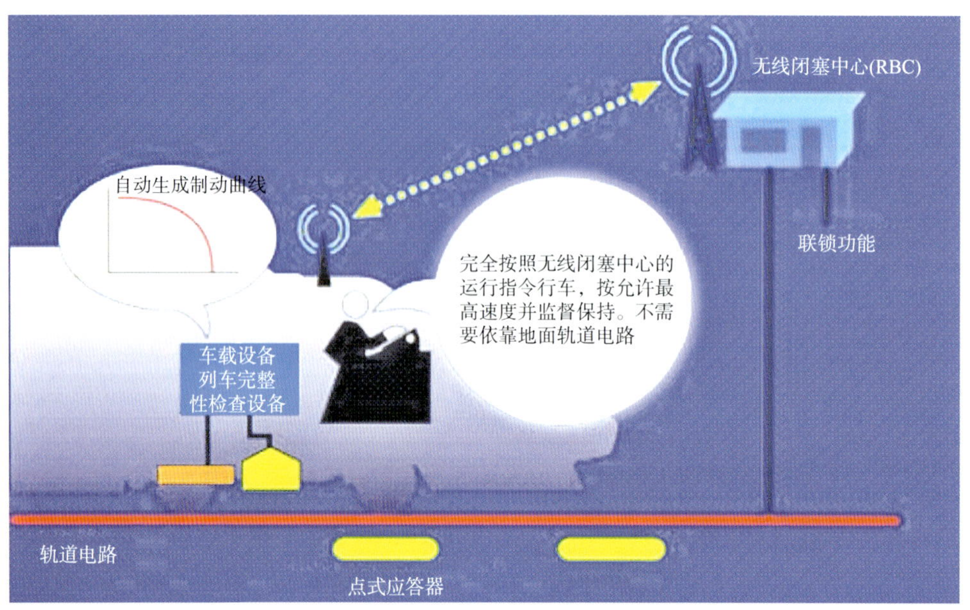

欧洲 ETCS 系统无线移动闭塞原理

列车司机完全通过 GSM—R 所传输的运行指令行车，也就是无线传输命令显示出允许的最高速度，监督保持这一速度，使列车无线连续控制系统直接控制列车。而列车通过地面的点式应答器实现列车的定位。列车使用车载计算机实现列车完整性检查，而不需要依靠地面的轨道电路来实施完整性检查。采用无线移动闭塞系统的优点是：实现更小的行车间隔；自动对列车进行超速防护；最高速度可达到 500 千米/时，更高水平的安全性；以更低的成本达到更高的运量。

车载计算机

欧洲目前正在加紧各国统一标准的列车自动运行控制系统 ETCS 的工作进程。在西班牙马德里—塞维利亚高速铁路、意大利高速试验线、英国西海岸干线、罗马—那不勒斯高速线和马德里—Lerida 高速线上进行了不同等级的试验，它们均得到了欧共体的部分资助。预计该项技术将在 5 ~ 10 年后全面投入使用。

5.2 行车安全监测、诊断、警报系统

时速 200 千米以上的高速铁路比任何大型工厂更为复杂，因为高速铁路的

运营受自然条件的影响；列车上的设备都经常处于高速运行状态下，任何环节出现不正常现象都将影响到整个铁路的正常运营。现代微电子、计算机和通信技术的发展，使高速铁路采用的专用设备和系统，在不同程度上都具备了智能化的功能。所谓智能化就是对设备或系统的工作状态随时监测，对它是否符合规范规定进行判断，一旦出现不正常状态，就及时发出指令调整，如出现故障则给操作员发出相应信息。下面就高速铁路已采用的自动化监测、诊断和警报系统作简要介绍。

（1）列车自动监测诊断系统

高速列车上都设计并装备了列车自动监测诊断系统，这种自我监测功能最基础的部分是各子系统的主要设备和部件均具有微机自我监测功能。如动力车的牵引驱动系统、列车的复合制动系统、转向架安全监测系统、客车车厢的车门、空调、照明、多媒体传播等均有自成系统的微机控制的监测诊断系统。而这些子系统又通过列车总线传输到司机室的主控单元。主控单元计算机对全列车各系统、各车厢的数据进行评价分类和储存，然后以简明的文字或图表形式显示于司机操纵台的荧屏上。如有故障，可指出发生在哪节车厢、尽可能精确地指

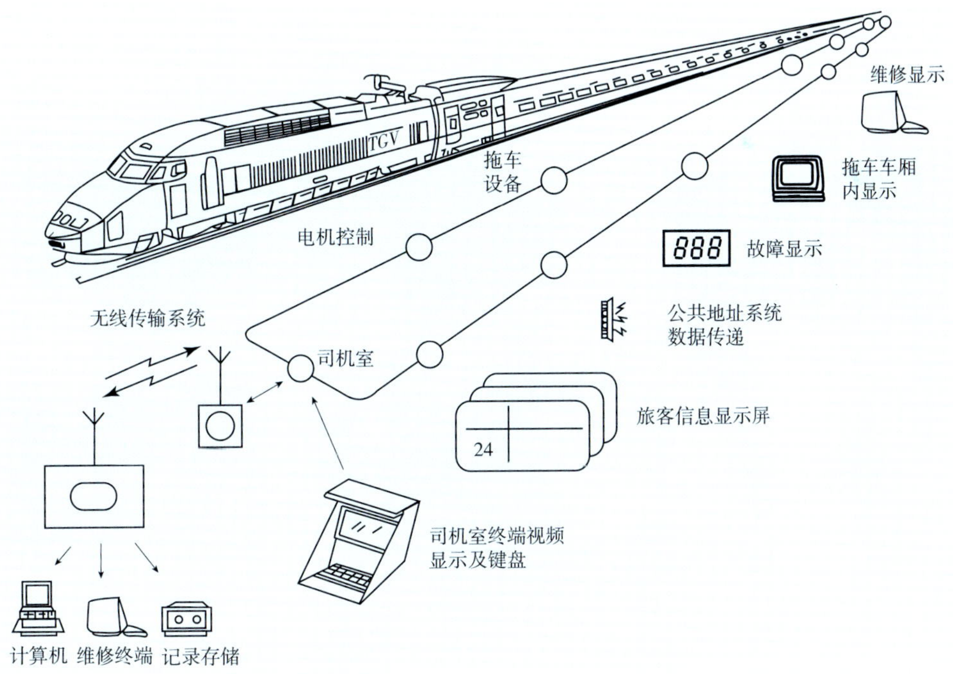

高速列车自动监测诊断系统及数据传输网络

出设备故障的部位、提示排除故障的维修方式，提示有故障情况下列车运行方式。高速列车司机驾驶列车，平时主要监督自动监测诊断系统的工作，在有故障时，则根据司机控制台上自动故障诊断系统的显示来排除故障，或按显示的要求带故障运行。但司机可以根据情况随时将控制系统的操纵转变为司机人工操纵。

高速列车司机控制台显示屏上显示各种监测数据和故障状况

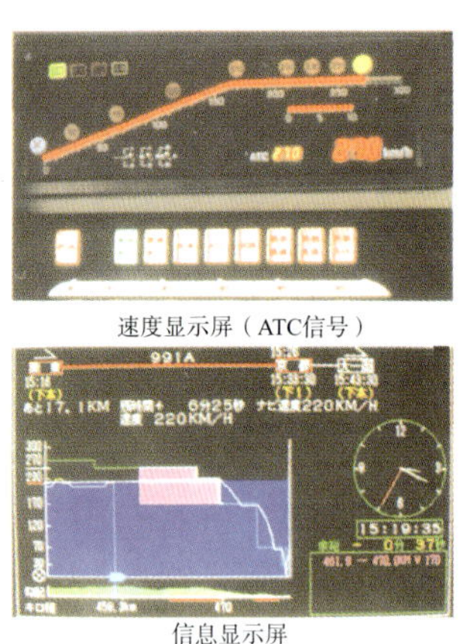

速度显示屏（ATC信号）

信息显示屏

司机控制台的屏幕上显示列车允许速度270千米/时，列车目前所在位置及加速曲线

列车总线采用双份冗余，保证在一条列车总线有故障时，自动切换到另一

条，当两条总线同时故障时，采用备用的一条调制线实现列车重联操纵。

一般故障只要司机能排除的，经显示屏提示，司机都可以排除。司机在遇到不可排除的故障时，自动诊断系统根据故障情况会提示他采用不同的处理方式：

① 暂时消除或切除有故障部件的作用。这些部件包括控制系统、变流器、辅机、传感器、电机过流、小齿轮弛缓、中间直流回路过压、欠压等。

② 限速运行。这种情况包括 25% 以上牵引动力装置发生故障，25% 以上动力制动失效，全列车中有 1 辆或 2 辆车辆的空气制动失效、车厢车门无法关闭、轴温报警，前端动力车主控单元发生故障，列车总线故障等。

③ 列车停下来不能再走。这种情况包括列车控制系统失效，全列车中 35% 以上车厢空气制动失效，列车发生分离，车厢发生火灾（不包括在隧道内或桥梁上，此时应低速拉出隧道或桥梁）。

高速列车进厂维修时，一般不将车厢解体，而是对整列车进行检修，并要求维修时间不能太长。因而列车运行时自检发现有故障，司机按计算机键，即可将故障信息无线传输给调度中心，通知维修部门事先做好维修准备。列车一进厂即可进行维修，且可调出原始检测故障数据，详细分析故障原因。

车载自动监测诊断系统，不仅对车上各控制系统进行监测，对线路两侧地面电子设备，对地面与列车信息交换传输系统，对列车运行速度、列车定位系统也都进行监测和诊断，并将信息数据传输给调度中心。

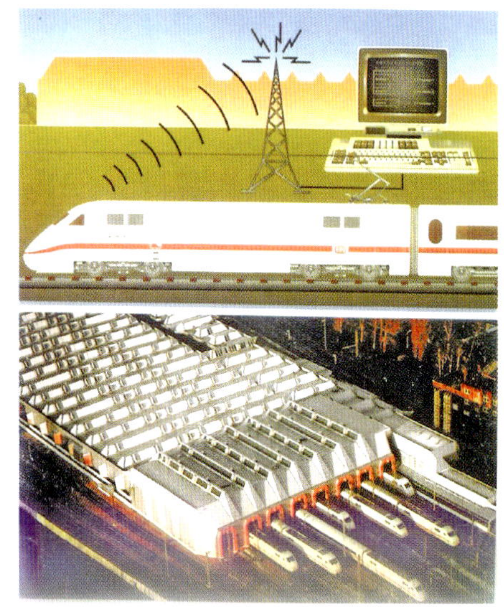

高速列车通过无线传输及时将故障信息传送到维修部门

（2）地面监测和诊断系统

地面监测和诊断系统比列车上的更为广泛和复杂，因为列车长度有限，通信传输网络较易解决，而地面系统涉及一条铁路或部分铁路网，难度就大得多。CTC 调度中心管理系统所包含的各个子系统模块都具有自检诊断功能。现重点介绍几个系统的自检功能。

① 供电系统检测与故障诊断。供电系统包含了许多设备，早期是对各个单一设备采取保护措施。随着微机系统的

发展，现已实现在变电所集保护、控制、监测、故障诊断、数据处理等多种功能于一体的综合自动化系统，可进行变电所在线（即不停电）故障诊断、事故和故障预测等等。这子系统又与调度中心的调度监控系统联网，当变电所系统无人值班时，调度中心的专家系统可对变电所进行远距离遥控。

变电所的遥控

供电系统的接触网的运营条件恶劣，受电弓在滑行受流过程中会使接触导线磨损和疲劳损伤，接触网的零部件在长期振动下会松动。为保证可靠供电，必须随时掌握接触网的状态是否处于安全运行的条件，以便在失效前及时维修和处理。检测接触网的状态主要依靠接触网检测车和一些地面检测设备。它们对接触网的导线磨耗、硬点、弹性、接触压力、网压、绝缘子状态、离线情况等等参数进行检测，将测得数据输入计算机维修信息处理系统，通过计算机综合分析，预测设备的安全状况，预测故障所在点段和不安全因素，自动编制检修计划供维修部门使用。维修后的接触网状态信息又输入计算机储存。

日本高速综合检测车采用激光直接监测接触导线状态

② 轨道状态的检测和评价。高速铁路对轨距、轨道的平顺度、线路的曲线和超高等都有严格的要求，如果超出了

规定范围，就可能引起重大行车事故。早期线路状态依靠养路工手执轨距尺测轨距的误差，测两根钢轨面的高差。随后有了“轨检车”，即在车厢中装有专门的仪器，当车厢在线路上运行时，可以连续记载所经过线路的状态（如轨距、轨道方向、轨面高等）。这种专用“轨检车”的检测速度（即检测各种参数时车厢的运行速度），以及能检测的参数内容和传输存储方式，随着科学技术的不断发展而更新和完善。现在高速列车的最高运行速度已达250～300千米/时，平均旅行速度已超过200千米/时，显然要有能在200千米/时速度以上检测线路状态的“高速轨检车”。

日本高速铁路修通后，研制了专门的高速检查线路、接触网和其他电气设备的“综合检测车”，车身为黄色以示与其他列车区别，称为“黄色医生”。

日本第一列高速综合检测车“黄色医生”外形

“黄色医生”是由7节车厢组成的电气和轨道综合检测列车，两头两节是运转司机室车，中间有一节是工作人员休息和数据处理车，有一节是轨道检测车，有一节是急修备料车，其余两节是检测接触网、电力、变电和通信的检测车。检测列车采用激光扫描测量系统以无接触方式检测轨距，检测接触网的高度和位置；利用线性感应位移传感器测定钢轨的纵向高程变化；利用无接触式光学测量法测钢轨的断面，测定轨顶波纹的形状等等。

日本最新的高速综合检测列车 EAST—i 外形，东日本铁道公司研制，检测速度 300 千米/时

整个测量系统完全由计算机控制，不仅进行信号的实时分析，将测定和分析的数据和图形在屏幕上或图表打印显示给车上的工作人员，同时将检测车运行中测定的数据以 0.25 米的间距存储在磁带或磁盘中，供地面计算机作进一步分析用。

综合检测列车正在进行检测

对检测的某条线路，只要将该线路维修标准中有关参数限定的界限值输入计算机即可按顺序连续不断地对每项测量值进行对比，一旦超出限定的界限值，打印机终端会打印出超限参数的名称、起始里程、超限值大小等内容。此外，还对所有超限参数进行统计分析并以报表形式打出。

检测车的整个测量系统本身也有自行找出错误和消除故障的自我检查和校准的功能。检测车的高效功能为线路维修、及时处理病害，为保障安全运行提供了科学的手段。法国、德国、意大利等国的高速铁路均有类似的综合检测车。

法国 MGV 高速综合检测列车

德国 OMWE 高速综合检测列车

意大利阿基米德高速综合检测列车

对线路状态监测的另一重要设备是钢轨超声波探伤车。钢轨在列车动载的长期循环作用下，将出现裂缝、暗伤等较磨耗更为严重的损伤。如不及时发现更换，钢轨断裂将引起重大事故。钢轨超声波探伤车主要由探测轮、耦合剂及微机系统 3 个部分组成。探测轮发射和接收超声波信号；耦合剂用于探测轮与钢轨的耦合，减少杂波干扰；微机系统用于信号的实时分析处理，并以图形或文字显示出伤痕的类别、部位和里程，以便维修。

③车站的联锁系统。车站内一般都有两股以上的线路，为保证行车安全，每条线路入口处都设置信号机。只有当线路（铁路上专业词叫进路）空闲，且入口处的道岔位置正确（即与进路连通）固定时，信号机才可开放，允许列车驶入进路。一旦有列车驶入进路后，信号机应及时关闭，以免再有别的列车驶入。进路和道岔、信号间的相互约束关系称为联锁，实现联锁技术的设备称为联锁系统。早期人工操作时，道岔工根据命令搬动转辙机使道岔与进路连通，此时相连的色灯信号机也同时开通。道岔工随即将转辙器锁住，以免道岔位置变动。20 世纪八九十年代以前各国广为应用的是由色灯信号机、动力转辙机、轨道电路和继电电路构成的电器集中联锁系统。它是以继电电路实现联锁功能，但继电器的维修工作较繁重。随着微机、

电子技术和自控技术的发展，利用微型计算机联锁已经实现。

车站枢纽的联锁系统

微机联锁系统是整个运输调度集中系统中的一个子系统。它的优越性除了本身设计施工简便、经济合理外，还体现在计算机系统为全站调度监督、调度集中以及运输信息管理提供了进路联锁信息。微机联锁系统为了提高其可靠性和安全性，采用了所谓“容错技术”，包括静态屏蔽和动态切换技术。所谓静态屏蔽技术就是使用3个功能相同的、同时工作的微机，当其中任意两个微机输出一致时，就认为系统处于正常工作状态。动态切换技术则是用一个备用微机，当主机发生故障时立即自动切换到备用微机，使系统能不间断地正常工作。采用容错技术，要求系统本身就必须有自我监测和诊断的功能，及时发现故障，进行自我切换和修复。

（3）自然灾害警报系统

铁路在运行过程中会遭遇到各种不同的自然灾害，因而当高速铁路通过一些自然灾害发生概率大的地段，应采取某种警报系统，使司机及时警惕并采取措施，避免发生重大运行事故。日本是自然灾害较多的国家，在此特介绍日本新干线所采取的自然灾害预警报系统。

① 风灾预警。日本是岛国，每年夏秋之交的台风和冬末春初的季节风，给所有的交通系统带来困难。据测定，列车在风速低于30米/秒时不致被吹翻。日本岛国无法采用防风墙的措施，因而新干线对大风与列车速度的关系作了如下的规定，以保证行车安全。

风速20～25米/秒时，允许列车最高速度160千米/时；

风速25～30米/秒时，允许列车最高速度70千米/时；

风速>30米/秒时，停止运行。

新干线在常有强风或阵风出现的地段设立风速计。风速的信息传输到附近车站，自动记录和储存，根据上述规定的界限自动比较，一旦风速超越界限值，就会自动显示注意、警告和危险信号，并在车站控制中心鸣报警铃。调度中心根据信号，使列车通过该地段的自动闭塞分区时司机室内显示允许速度为160千米/时或70千米/时，进入列车自动运行控制系统，同时也可以通过无线列车通信系统通知司机。

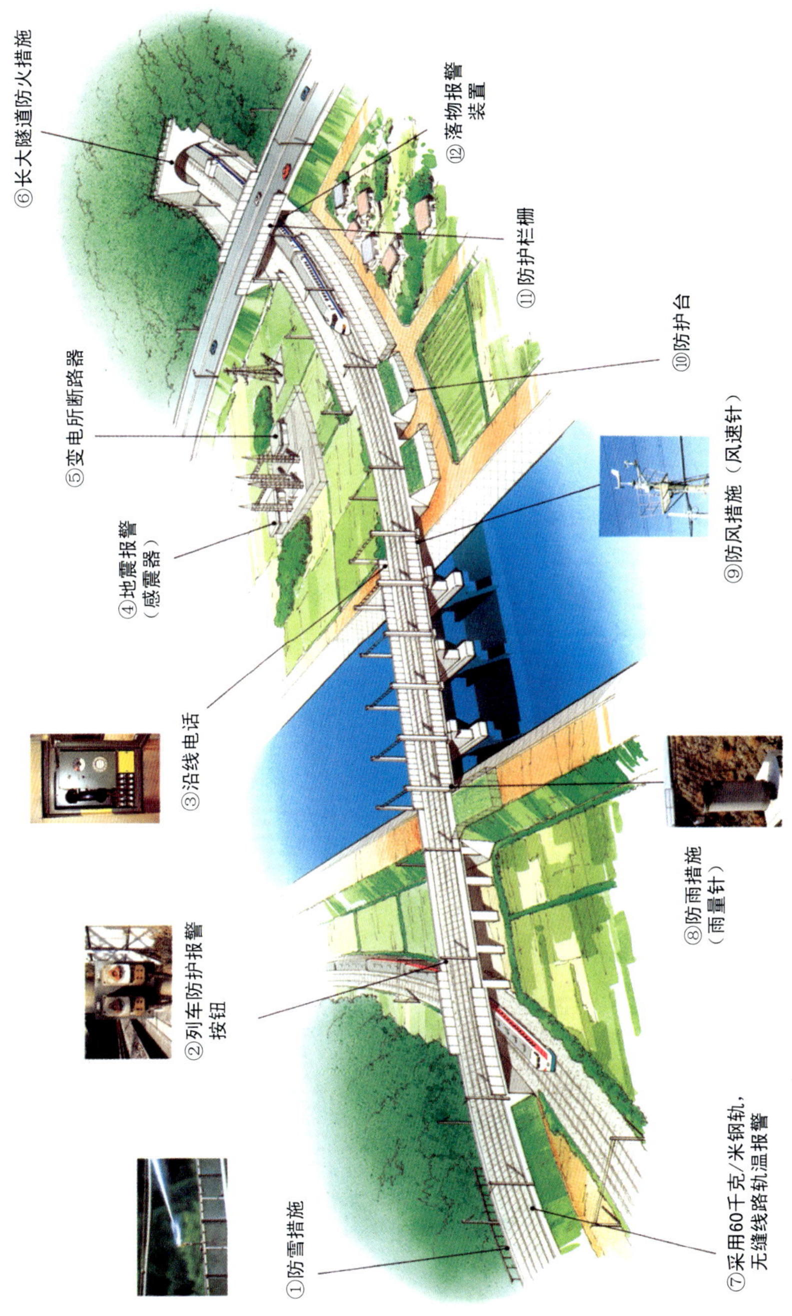

日本高速铁路的自然灾害预警报系统

显然，在大风地段的接触网系统设计时，应考虑接触导线必须能承受风速30米/秒的风力，接触网支柱则必须能承受40米/秒，甚至50米/秒的风力。

② 地震预警。日本是地震多发的地区，新干线系统中，所有建筑物都考虑了抗震措施，并规定地震发生时，列车停止运行。作为地震预警系统，每个间隔20千米的变电所中都设置地震仪和强地震仪两种地震仪。当任何一个地震仪有反应时，变电所的电流断路器立即开始动作，切断对供电网的电源供应，同时综合调度控制中心作出自动显示。电源切断后，列车的紧急制动阀启动，使列车自动停车。

如发生的是中等地震，则恢复列车运行时，该变电所控制的地段内，规定第一趟列车以70千米/时的速度运行，注意线路状态。当没有发现不正常状态时，第二趟列车以160千米/时的速度运行。以后的列车以高速度正常运行。

由于旧的**地震预警系统**有一个明显的缺陷，即从检测到40个单位加速度值（40gal）的地震波到主震抵达新干线的时间间隔很短，列车往往来不及停车，地震的主震波就已到达新干线。日本开发了一套新的地震预警系统，称作UrEDAS系统，是依据地震时P波（垂直振动波）较S波（水平振动波）有传播速度更快（可提早1～2秒）、但幅值小的特点，利用先期到达地震监测点的P波进行预警，从而保证S波传到新干线之前已将列车运行速度降到160千米/时以下，降低了事故发生的概率。2004年新潟县中部发生6.8级地震，震源深13千米，由于警报及时发出，接触网断电，浦佐一长岡间有一列高速列车正在以200千米/时速度行车，及时非常制动，幸免一次大事故。

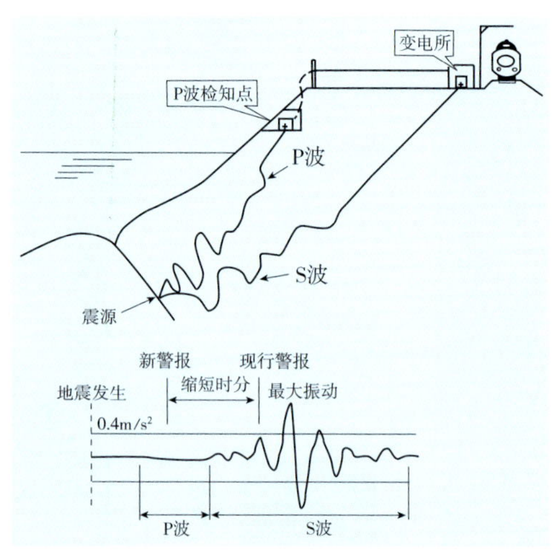

日本高速铁路地震预警系统原理

③ 落石、泥石流、暴雨洪水和大雪的预警。日本对这些自然灾害也都设有相应的预警设置，预警信息都在综合调度控制中心集中显示。如有落石直接坠落在轨道上，或洪水冲断线路，则轨道电路会发出区段被占领的自动闭塞信号，防止列车进入。如果遇到降雪量大、积雪深的情况，采用一套完善的**自动加温喷水装置**，融雪后回收融化的水加热重复利用。道岔处采用**电气温风融雪机**。

④ 隧道火灾防护。长度在5千米以上的隧道内均装备完善的隧道防火设备，还有专用的通信设备、照明设备，维修用通路。

⑤ 与公路立交处防护。在公路高架桥处两侧设置了防止汽车翻落的防护设备。如果汽车翻落到新干线上，则边界故障检测警报装置发出报警，启动ATC信号，让列车安全停车。

上述所介绍的列车位置和运行状态，地面设备（线路、供电、沿线地面信号、车站进路联锁）各种信息，以及自然灾害预警的信息，故障的信息，对维修的要求等都通过有线和无线通信传输到综合调度中心，供调度员评估使用。

5.3 高速铁路综合调度中心（CTC）

（1）高速铁路的运输指挥部——综合调度中心

调度中心是高速铁路运营管理和控制的神经中枢，统一指挥高速铁路线上所有列车的运行和对铁路运输各部门的管理进行协调工作。

综合调度中心的主要工作有以下4个方面：

① 根据旅客运输的需要，编制高速列车运营计划，包括行车计划、车辆运用计划、车组乘务人员的值班计划。

② 当行车次序出现混乱时，对沿线的主要信息进行搜集整理，调整运营计划，产生和传送调整运营计划用的临时运行图，对沿线的运营车辆进行调度指挥。

③ 对沿线列车运行状况进行监视及各车站的进路实行自动/人工形式的集中控制。

④ 对各车站旅客集散情况的信息统计，根据需要对行车计划进行分析调整，并向旅客提供有关信息服务。

瑞典斯德哥尔摩铁路综合调度中心

在常速铁路，这四方面的运营管理工作主要通过电话电报，由人工来协调编制完成。这样的调度指挥手段和方式显然不能适应高速铁路运营的需要。

现在由于计算机和信息传输系统的发展，前面需要实现的4个方面的工作，都可通过计算机网络来快速完成。

目前，世界上高速铁路的综合调度中心有两种构成方式。一种是以日本为典型代表的集中构成方式，它将整条高速线的运营情况全部集中在一个调度室内进行指挥管理。调度室内通过计算机网络将与行车有关的全部信息进行集中处理，然后再将指令与信息传输到沿线的车站等有关部门。另一种则是以德国为典型代表的分散区域中心的调度控制方式，即根据既有铁路线与高速线在全国范围内基本混合在一起构成的状态，将高速线车辆调度运营管理与普通速度线路的车辆调度管理结合在一起。

(2) 日本新干线综合调度中心

1972年日本山阳新干线冈山站开业时，开发了使用大型计算机的程序进路控制设备。这一系统命名为**计算机辅助运营管理系统（COMTRAC）**，它是集运营计划生成功能、运行图调整功能和程序进路控制功能于一体的系统。该系统的功能随着日本山阳新干线和东北、上越新干线的建成开通而不断完善，目前仍在使用中。这一系统的运营保证了日本高速铁路40多年来没有发生过一起行车人员伤亡事故。

综合调度中心将旅客与运输的调度、运用调度、固定设备调度、通信信号调度以及电力调度等6个子调度系统集成在一起。综合调度中心设置了最新的计算机设备，分别负责运输（分列车、旅客两个部分）、运用、沿线固定设备、电力、通信信号等。调度人员使用各自的设备进行下列工作。

① 运输调度（列车部分）。监视列车的运行情况，向车站、列车传达信息的调度工作。在运行混乱时，进行运行秩序的调整和管理。

② 运输调度（旅客部分）。负责向列车长、车站值班员迅速地传达有关行车信息的调度工作。当出现事故时给予及时处理，向旅客提供周到的服务。

③ 运用调度。当列车运行混乱时，负责调度列车，更换事故车辆，安排修复工作，更换司机并将信息传达到有关部门的调度工作。

④ 电力调度。监视供电情况，遥控操作变电所、供电段的机器设备，调度沿线的电力资源，同时负责安排沿线的天窗维修计划，确保运营供电。

⑤ 通信信号调度。监视各种通信信号管理系统及列车无线传输系统等设备的运转情况，如有异常情况发生时，指示现场工作人员进行修复。

日本大阪新建的东海道、山阳新干线第二综合调度中心

1995年日本阪神大地震后，东海道、山阳新干线受到了严重的破坏。为了在再次遇到大自然灾害时，高速铁路的“中枢神经”始终能保持正常的工作状态，日本铁路又在大阪建设了东海道、山阳新干线的第二综合调度中心，保持热备状态，保证即使在东京的调度中心受到破坏，第二调度中心依然能立即指挥高速列车的运营。

日本东海道新干线综合调度中心

⑥ 固定设备调度。配合现场养路进行维修保养的有关调度工作，收集气象信息、地震消息，防止灾害发生并对事故修复工作进行调度。

在这个集合体中，由电子计算机控制的运行管理系统 COMTRAC 是核心部分，日本技术人员称之为大脑的中枢。COMTRAC 由前进线路控制系统、数据处理系统及运行显示系统的各个计算机和其他外围设备构成，该系统运用电子计算机控制行车、编制时刻表、管理调配车辆及乘务员，将各种信息显示在综合屏幕和计算机屏幕上，以便调度员随时监视管理。

日本调度员正在 COMTRAC 系统进行日常管理

(3) 新一代调度中心的构成

随着计算机、通信和远程控制技术的发展，调度中心的系统技术也已经由传统的集中控制模式发展到网络化、智能化的集中管理、分散控制的新一代模式。20 世纪 90 年代以来，随着日本、欧洲等国家高速铁路新线的不断修建，一批采用工作站客户机、服务器以及计算机网络技术的调度监督、调度集中系统相继问世。法国和德国高速铁路建成以后，采用了分区域实行调度监督的做法，在调度所中安装了 ETHERNET 局域网、通信计算机和 32 位的 VAX—4000 计算机作为工作站。1992 年西班牙建成高速铁路时，ALCATEL—Sel 公司又将这一技术移植到马德里的高速铁路调度中心，建成由计算机—网络共同构成的调度集中系统。1995 年 11 月东日本铁路公司开通了新干线新型**综合运输管理系统（COSMOS）**。由于采用计算机网络技术，该系统更加灵活，可以适应多种车型，运输密度更高，是目前这一技术在世界上发展和应用的最典型范例。

根据 COSMOS 系统结构图，可以了解到，调度中心的全部功能可以分为运输计划系统、运行管理系统、养护作业管理系统、固定设施的设备管理系统、电力控制系统、集中信息监视系统、车辆管理系统、动车段内作业管理系统等 8 个方面。所有的信息都是相互关联、相互影响的，都集中到调度中心联机处理。

法国地中海高速铁路马赛综合调度中心

德国高速铁路区域调度中心

西班牙马德里阿托恰高速铁路调度中心

东日本铁路公司新干线综合运输管理系统（COSMOS）

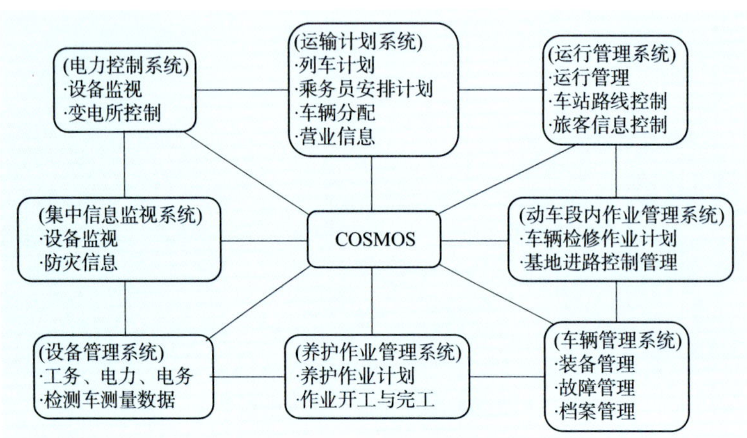

COSMOS 系统的总体构成

乘坐高速列车——踏上快乐之旅

交通运输作为第三产业，不管从为大众服务还是从市场经济的角度来看，都应当为旅客提供“最完美的服务”。当然，所谓“完美的服务”是相对的，它是随着国民经济增长，人民生活水平的提高，特别是科学技术的发展而不断改善的。那么在进入21世纪的时候，现代的高速铁路能提供给旅客什么样“最完美的服务”呢？

6.1 安全可靠的旅行

高速铁路运输中各个环节都采取了当今最新的科技成就，它们为安全可靠的运输提供了保障。线路、车辆及各种设备本身的设计、建造和定期维修，保证了设备的良好状态。在运行管理过程中，配套的智能管理系统避免了由人工操作而产生的可能的差错或延误等不安全因素。在自动运行控制系统中，车载系统自动与调度中心完成办理区间闭塞与开放信号的过程，保证了一个闭塞区间只有一列车在运行。超速自动防护系统，保证列车按各闭塞分区规定速度运行，超过速度时自动减速和必要时停车，防止超速或冒进信号事故。列车上装置的自动监测和诊断系统对高速列车的主要设备和控制系统本身进行实时监测，判断设备的技术状态，指出故障的具体地点，向乘务员提示排除故障的方法和采取应急措施的建议。此外，自然灾害的预警系统和车站的信息集中监视系统都为高速铁路安全运输提供了可靠的保证。国外高速铁路的安全记录均保持良好的水平。

德国汉堡高速列车维修工厂对高速列车定期维修

6.2 正点方便的旅行

外出旅行能正点到达目的地是所有旅客最迫切的愿望。在恶劣气候条件（如暴雨雪或大雾时）下，高速公路和飞机场都被迫关闭。公路在高峰运输时出现堵塞现象更是司空见惯。高速铁路则是全天候的运输工具，如日本新干线自开通到2007年，每列高速列车平均误点不到0.8分钟。欧洲各国对高速列车的正点率都有明确的要求，作为考查工作的指标。西班牙国营铁路公司自1994年9月11日实行误点赔偿措施，只要是由于公司原因造成高速列车误点超过5分钟，应将票价的全部金额返还给乘客。西班牙高速铁路自1992年开始运营，以3分钟为允许的误点范围，其正点率已达99%。正是有了正点运行的技术保证和实践验证，才敢于做出误点赔偿的承诺。有关保障安全运行所采用的各种高新技术，也正是保证正点运行的支柱。

300系正行驶在使用喷水进行融雪的区段。300系克服了每年在关原附近发生的风雪灾害，确保了270千米/时的正点运行，发挥了东海道新干线的作用。

日本300系高速列车正行驶在自动加温喷水融雪的关原地区

高密度开行高速列车。在市场经济条件下，时间显得非常宝贵，仅仅列车正点是不够的。为了方便旅客，高速铁路都采用高密度、短编组的列车运行方案。欧洲的一种客运飞机“空中巴士”型，就是让旅客乘坐飞机像乘坐公共汽车一样方便，以航班很密来争取旅客。高速列车也是这样，如日本的东京—大阪—博多的东海道、山阳新干线，一天有287列列车，这样高密度多类型的运输安排，增加了旅客的选择余地，旅客也不会因误了一趟车而长时间在车站等待，可以方便地随时乘坐高速列车。法国巴黎到里昂的高速列车一天中也有183对。法国大西洋高速铁路考虑到在早晨上班高峰期间，主要客流是去巴黎方向，因而在运行图中增加了向巴黎方向的短编组高速列车。为了增加行车密度，还允许逆向运行，即利用反向轨道使直达车超车。按一般规定，铁路是靠左侧轨道运行，双轨线路不允许反方向行车。高速铁路在区间设有渡线道岔，并采用了列车自动运行控制和集中调度中心等智能管理系统，就有可能采取允许逆行以加大运行密度的措施，并能保证运行安全正点。

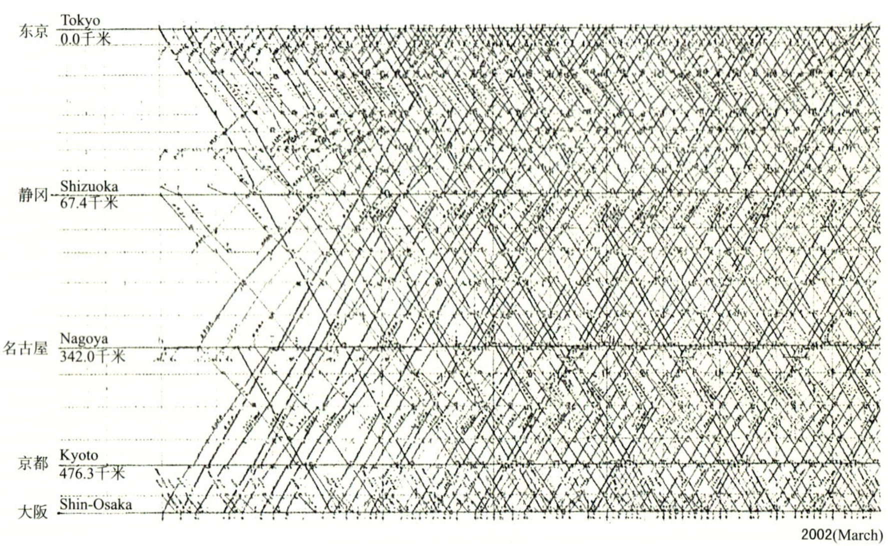

东京—大阪的高速列车运行图

列车运行图是组织各种列车行车的基本计划。在图上表示一条线路上所有列车在24小时内的运行轨迹。每一条线代表一列车，其发车、停站时间都在图上明确规定。从运行图上可见，每小时从东京发出15列高速列车，发车间隔仅4分钟。其中“光号”列车为全程不停站直达或全程仅停少数站；而“回声号”列车则为区间直达高速。

现代化的高速铁路车站。为保证旅客方便并节省时间，现代化的旅客车站在设计上和设施方面都和既有的车站不同。车站建筑有高架的，有地面的，也有地下的，结构趋向多元化，考虑到高速铁路与城市公共交通线路的衔接，尤其是城市有轨交通（含地下铁道）系统的互相衔接，使各类交通方式按高差在同一车站内置于不同层次，以实现联运，为旅客提供零距离的换乘条件。一些发达国家修建了连接航空港和高速铁道车站之间的快速有轨交通，如英国的盖特威克空港、日本东京的成田空港、德国的法兰克福莱茵—美茵空港等就是机场、铁路、高速公路合一的综合交通枢纽。法国的TGV高速列车与巴黎戴高乐国际机场、里昂沙多拉斯机场相通。在大城市换乘常常不在一个车站，此时车站备有专门免费的交通工具为换乘旅客服务。

高架车站

桥式通道地面车站

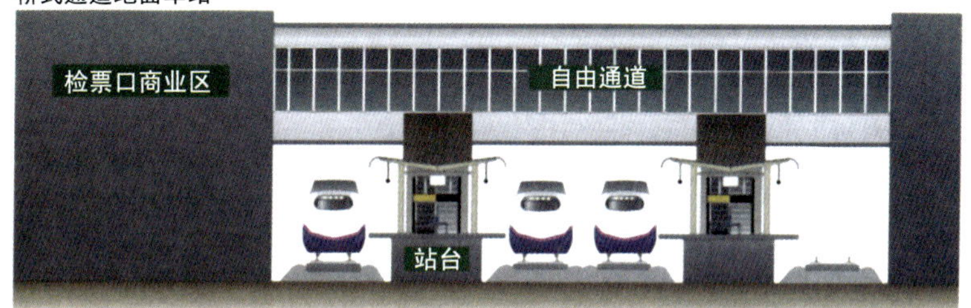

一般地面车站

地下车站

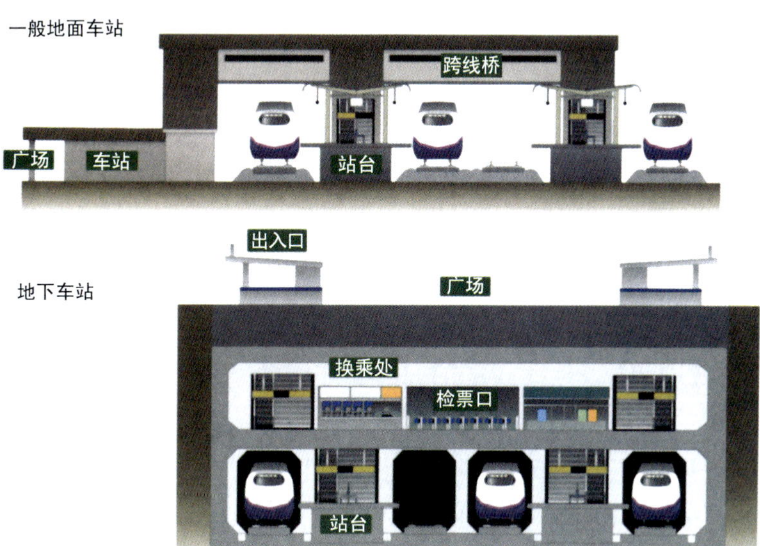

现代高速铁路车站的类型

高架车站：经常是集高速、普速、城市轨道于一体的立体交通枢纽；

桥式通道地面车站：具有贯通车站的自由通道；

一般地面车站：站台通过天桥联系；

地下车站：一般在城市密集地区或机场车站采用地下车站。

日本山阳新干线新建小仓车站，已成为新兴城市小仓市的一个立体交通枢纽和商业、文化中心

法国里尔高速新车站，已成为欧洲北部新的交通枢纽和文化、商业中心

德国科隆车站是百年老站，改造后已成为欧洲高速列车换乘中心

新建的高速铁路车站在设计上还要充分考虑与周围环境协调，这些车站不仅要具备方便旅客上下车，及时疏散等功能，而且还要在美学上具有优美的艺术造型。

法国地中海线阿维尼翁新车站

设计造型与地中海沿岸的优美环境非常融洽匹配，在蓝天白云下像一条巨大的白色航轮。

日本奈良车站，充分体现奈良悠久的历史文化风貌

西班牙塞维利亚新中央车站

不仅旅客疏集功能俱全，而且造型优美，与西班牙西南部安达卢西亚地区的风景与地理环境相匹配。

德国柏林新车站

造型现代化的气息浓厚，全玻璃幕墙、五层立体交叉通道，高速列车、普通列车、城市地下铁道汇集，作为德国现代化首都的窗口，能充分体现高速铁路高新技术的内涵。

自动售检票和客票预约预售系统。早期的自动售票机和自动售货一样，只能出售单一运价的车票，而现在能出售全票、半票、单程或往返票等多种票价的车票。可使用硬币、纸币、信用卡。专为通勤、学生旅客使用的月、季、年定期票具有通过自动检票机 2 000 次而不损坏的特点，并在车站配备了自动检票机。

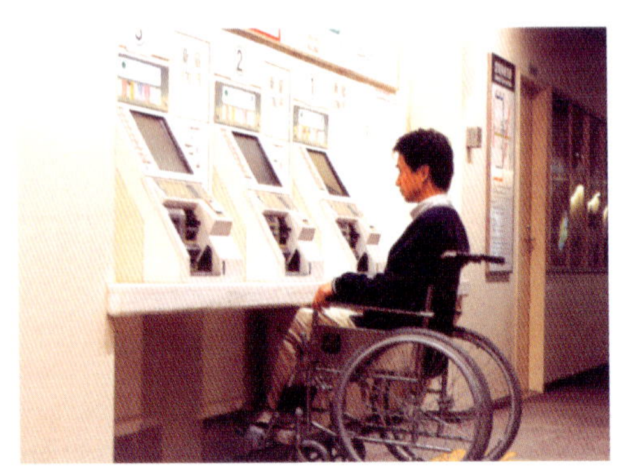

日本新干线的无障碍自动售票机

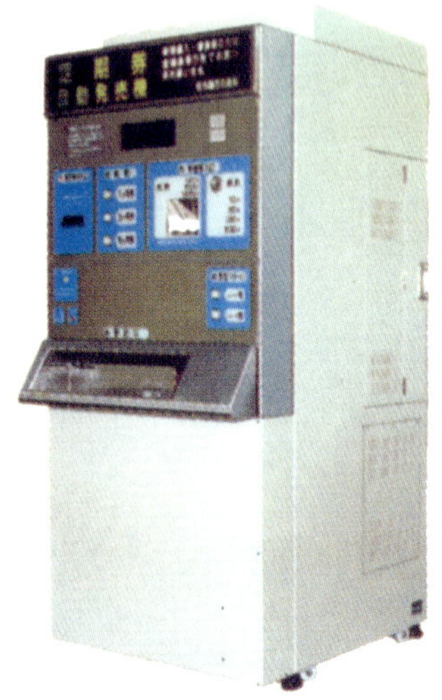

日本新干线的自动月票发售机

自动检票机

日本于 1985 年完成了客票预售综合自动化系统的改造，即 MARS301 系统于 1993 年更新为 MARS305 系统。它在全国范围内预售铁路、船票和汽车席位。欧洲铁路客票预售系统，20 世纪 70 年代是各国发展自己的预售系统，现已相互联网形成泛欧铁路客票预售网。它以德国法兰克福的客票预售 EPA80 系统为中心，由德国、法国、意大利、西班牙和瑞士 5 国的客票预售系统联网组成。奥地利、比利时、卢森堡、荷兰和丹麦等国的铁路客票预售系统，以子系统的形式通过 Hermer 计算机数据通信网与德国 EPA80 中心系统连接。泛欧铁路客票预售系统可为欧洲 14 个国家的旅客提供服务，并与 3 500 多台终端机连接，可以从世界各地办理欧洲各国国内旅客快车、特快、国际旅客快车的客票预售业务。

现在日本高速铁路已经推出一种更加方便于旅客的客票预售方式，即旅客在任何时刻，任何地方可以利用手机通过因特网预订有席位的车票，然后可以在车站的预约售票机上划信用卡自动取票，即可上车。

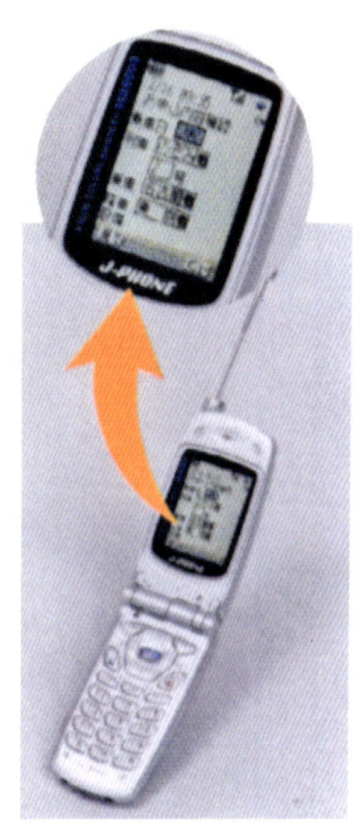

通过手机预订车票的新方式

旅客信息服务系统。由于微机自动控制、信息传输和发光二极管、液晶技术的飞跃发展，许多客运站已建成列车运行图实时控制的全自动或半自动信息服务综合系统。在车站中央大厅、各候车室、检票口和站台等处安装显示屏幕，由微机集中控制，可自动把列车到发时刻、停靠站台、车厢号顺位情况、检票和停检时刻等信息发布给旅客。车站除电子向导信息外，同时设置各类非常醒目的指示牌，并利用色彩导向。如日本东京站，旅客的车票和本站通往各发车站台的通路以及所乘列车的颜色均一致。旅客问讯系统有电话问讯和电视问讯两类。电话问讯处的服务员根据旅客问讯内容操作计算机，由计算机自动回答旅客问话。在电视问讯处，当旅客站到屏幕前，彩色电视屏幕上就会出现服务员人像，亲切回答旅客的各种询问。大车站还设置自动查询设备，旅客可通过人机对话方式，查询去某目的地的列车运行时间表和运价，也可得到最佳列车（多条铁路可到达）、换乘顺序、旅途时间、每节车厢的空座位置、票价及折扣等资料。

日本新大阪车站中央大厅

意大利罗马车站站台上的显示屏幕

法国巴黎北站的旅客指示牌

车站还设有完善的电视广播系统。车站的有线广播系统以计算机为控制中枢，实现两种以上语言的全自动广播，与电子显示屏共同提供列车到发时刻、停靠站台等列车运行信息。在国外的车站很少提供一般新闻、气象和娱乐广播。电视则有服务和监视两个系统。监视系统在总值班室设控制台，将站台列车到发情况、全站旅客购票和乘降流通情况在大电视屏上实时显示，工作人员可随时了解列车停靠和调车、旅客候车区的情况，以便出现问题时采取必要的措施，及时指挥客运作业。

6.3 舒适满意的旅行

列车是旅客在旅途中的家，要使旅客

在车上像在家中一样的舒适方便，还要使每个旅客能在车上阅读各类信息或从事商业联系活动，充分利用旅行的时间。高速列车具备一系列良好的旅客服务设施，为旅客提供周到的服务。这些服务包括：具有良好气密性的车厢；空调系统性能优良；密闭式的卫生集便装置；自动控制的车门系统；旅客无线电话；座椅上的视听系统；旅客信息显示系统；特种服务的会议沙龙车厢；家庭旅行的专用包间；婴儿服务室；设置残疾人专座；环境幽雅的酒吧车或餐车等等。

车厢具有良好的气密性是高速列车技术中的一大特点，也是一大难点。首先必须做到车门、车窗的密封性能良好，车门的外圈是能充气的橡胶气圈，只有当车门关闭严密后，才能由充气机构向车门的充气橡胶气圈内充气，使车门保持高密封性。完成充气的同时，表示车门已关闭的信息通过微机子系统传到司机室，自动将司机室的牵引操纵锁定功能解锁，司机才能开车。如果车门没有关严，则信息无法传到司机室，车就不能起动。高速列车所有车厢的车门都是听从司机指挥的，而司机则是接受列车微机控制系统的指令来执行任务。车厢之间的过道及风挡也要有很好的气密性，空调的进风口在进入隧道时会自动关闭，厕所卫生设备也必须是密闭式的，而且连车体墙板的焊缝也必须是气密的，不允许有砂眼。只有把每一个环节都控制好，才能保证车厢达到高的气密性。从定量的角度看，要求车厢内的气压从5千帕降低到1千帕必须大于50秒的时间。气密性好的另一个作用是降低车厢内部的噪声，使车厢外的气动噪声及机械噪声都很难传入车厢内部，使车厢内的噪声级小于规定的65分贝级。

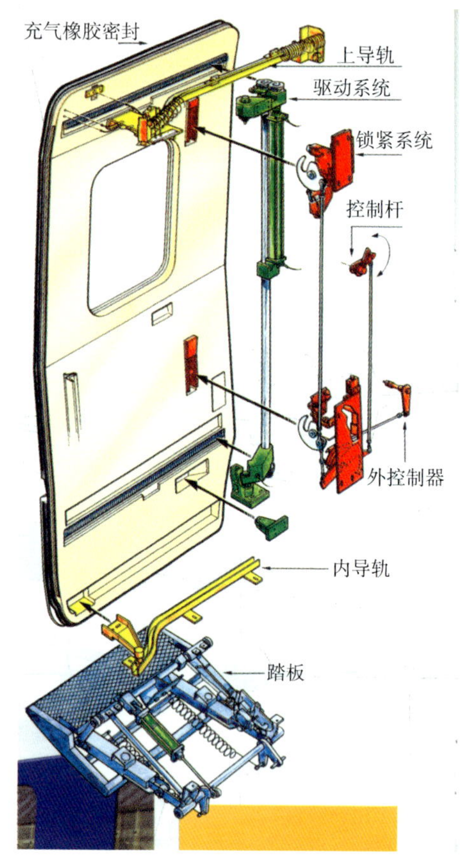

具有充气压力密封的高速列车车门机构

性能优良的空调系统保证高速列车车厢内无论春夏秋冬均能保持舒适的温度，并且有足够的新风量。高速列车的空调系统与普通建筑物内的空调系统有明显的区别。如果空调进风口在车厢侧面，高速列车高速运行时，由于侧面气流的负压效应，新风会吸不进来，使空调系统无法工作。这就需要对空调系统进行特殊设计。空气进风口不仅不能在车厢侧面，还设计有一套自动机械关闭系统。当列车进入隧道时，空调进风口的自动关闭系统会立即关闭，达到增强气密性的效果，避免了隧道里强烈的脉冲压力影响车厢内旅客的舒适性。

密闭式卫生集便装置也是保证服务质量的重要设备。在速度达 140 千米/时以上时，如果还是采用开敞式排便器，污物会四处飞溅，甚至溅到车厢的窗户上。所以从卫生、环保的角度看，旅客列车都应采用密闭式卫生集便装置，高速列车更是理所当然。这种卫生集便装置与飞机上使用的集便器是一样的，从原理上可分为循环式与真空式两种。循环式是用经过消毒除臭处理的水循环冲洗便器，这需要特设一套污水消毒处理设备。目前高速列车越来越多地采用真空式集便装置，它具有体积小、重量轻、冲洗快的优点，关键设备是一个真空压力阀，压力空气通过真空压力阀形成便器至贮污罐之间局部真空，吸抽污物。这种集便装备只需耗用少量的水。

具有高密封性能的高速列车车厢过道及风挡

传统的空调系统

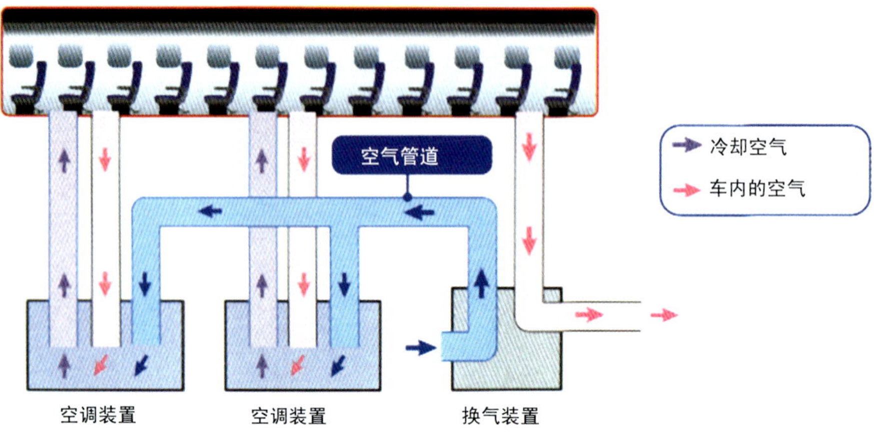

高速列车的空调系统

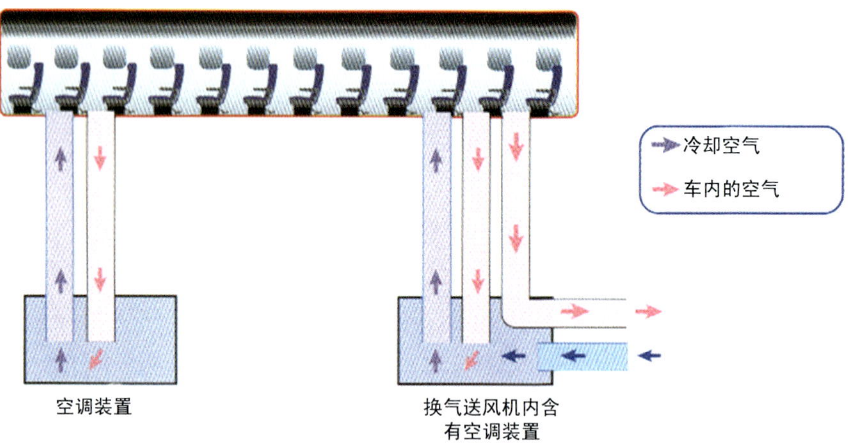

高速列车空调系统特殊的空气循环

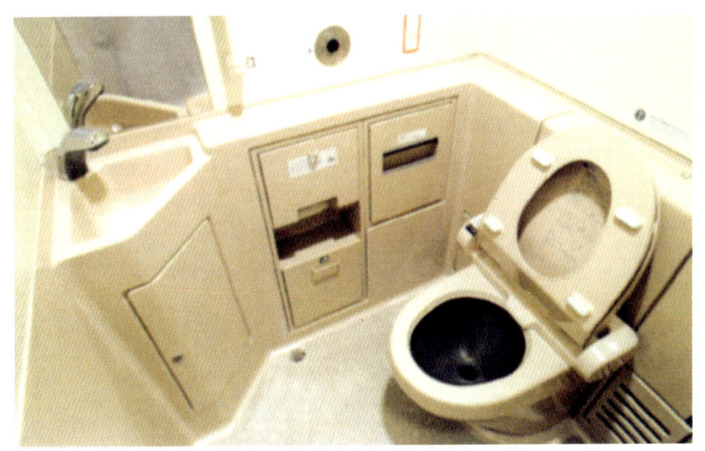

高速列车的盥洗卫生间

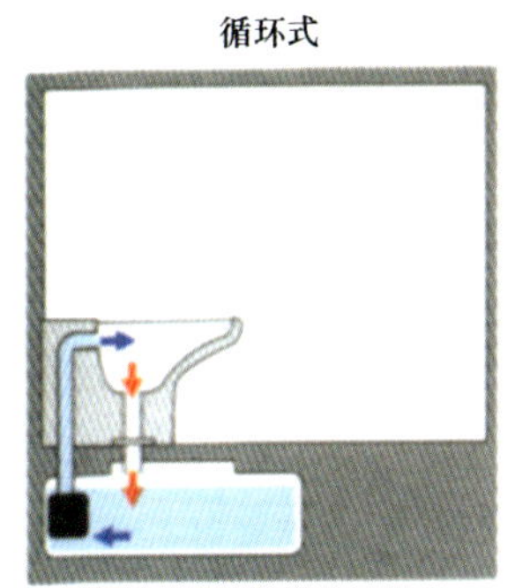

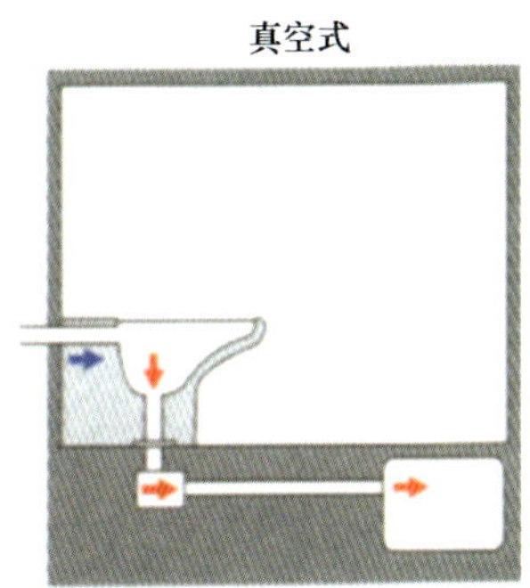

高速列车循环式和真空式卫生集便装置原理

旅客信息显示系统通过各车厢微机控制子系统，为旅客提供各种信息，包括当时运行的速度、前方到站站名、时间、气温等，信息量很大。信息显示在屏幕上，旅客很方便就可以看到，可以由旅客来选菜单。座椅上的视听系统的小电视荧光屏幕安置在前面座椅的后背上；乘客可以随意用耳机收听的音乐、广播。高速列车上的座椅都较宽大，座前都有较宽大的条桌，便于旅客阅读书写用。

高速列车的旅客信息显示系统

高速列车座椅上的电视荧屏

高速列车上宽大的条桌便于旅客使用

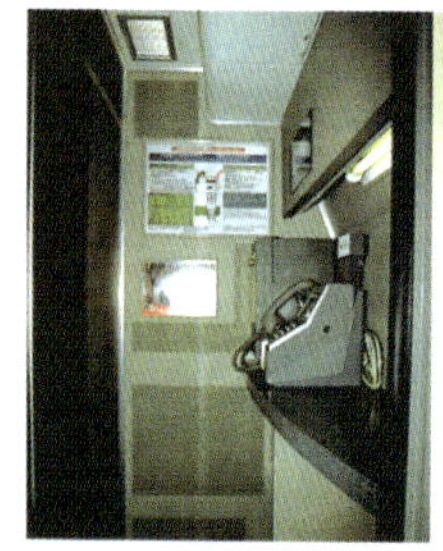

高速列车上的旅客无线电话

在高速列车上几乎每节车厢都装有旅客无线电话。旅客通过它可以与世界各地通话。

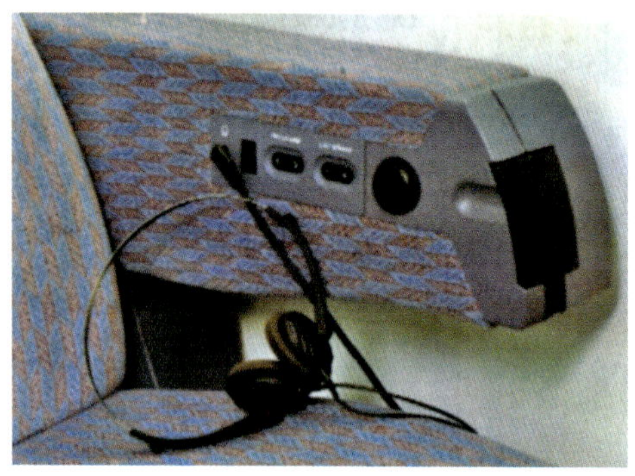

高速列车座椅上的耳机插座

高速列车头等车沙龙包间

沙龙包间与其他旅客隔开、不受干扰，供给各种会议服务用，设备齐全，座椅舒适，有国际直拨电话。

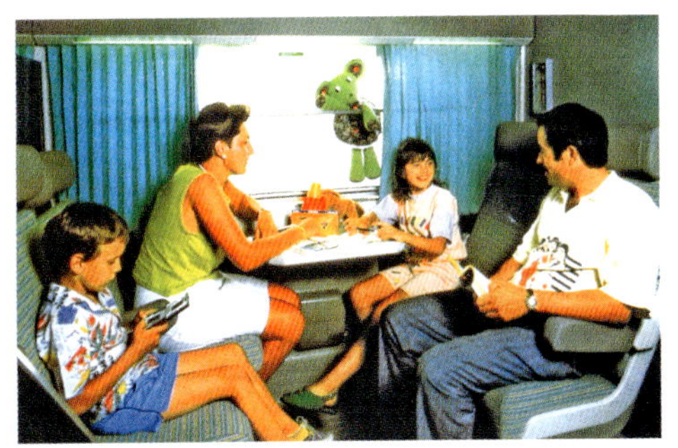
高速列车家庭旅行用包间，便于一家人在一起享天伦之乐

高速列车上的儿童服务包间，为携带儿童的旅客提供各种便利

为旅客提供餐饮是不可缺少的服务内容。比较常用的提供餐饮的方式有：流动售货小车、小卖部或酒吧车、自助餐或配餐（送餐到位或餐车用餐）。所有食品都在地面的制作中心加工成成品，在列车上加热后出售，并对头等车的旅客提供送餐到位的服务。日本东海道新干线的“光号”列车将供应的食品一律送餐到位。在法国大西洋和欧洲之星TGV高速列车、德国的ICE高速列车和西班牙AVE高速列车，餐费都计在火车票价之内。其他高速铁路则需另付餐费，或在预购车票时同时订餐（可得到优惠价）。德国铁路特别注意保证提供旅客餐饮的质量。德国铁路的餐饮委托给Sander公司承包，铁路的检查员经常对Sander公司的生产过程、列车上的作业过程和生产的食品和饮料进行检查，并取样进行化验分析。

高速列车上的流动售货小车

高速列车的小卖部

高速列车的酒吧间

法国 TGV 高速列车的餐车服务

高速列车头等车旅客提供送餐到位服务

意大利 ETR500 高速列车的餐车

德国 ICE 高速列车的餐车服务

西班牙 AVE 高速列车的餐车服务

瑞典 X2000 高速列车的餐车服务